新・基本事例で考える

民法演習

すっきり民法玉手箱

IKEDA Seiji
池田清治

日本評論社

はしがき

本書の成り立ち

　本書は、北海道大学法科大学院で3年課程1年生を対象に開講されている法律基本科目（民法）の定期試験の問題と解説（参考答案）をまとめたものです。実際に出題した問題に適宜修正を施し、解説（参考答案）については、今回新たに加えたものを含め、この間の法改正を組み込んでいます。

　北大法科大学院では、3年課程1年生を対象とする法律基本科目（民法）は『基礎プログラム民法』と呼ばれ、その対象領域はおおむね次のとおりです。

　　　基礎プログラム民法Ⅰ（春学期・3単位）：総則、物権（担保物権を除く。）
　　　基礎プログラム民法Ⅱ（夏学期・3単位）：契約総論、契約各論、債権総論（債権の目的及び債務不履行責任等）
　　　基礎プログラム民法Ⅲ（秋学期・2単位）：債権総論（債権の目的及び債務不履行等を除く。）、担保物権、事務管理、不当利得、不法行為
　　　基礎プログラム民法Ⅳ（冬学期・2単位）：親族、相続

　とりわけ未修者のみなさんからは、「答案の書き方」に関するご質問を受けることが多く、「どのような答案を書けばよいのですか。その方法を教えてください」とよく問われます。

　しかし、答案とは問題に対する回答ですので、究極的には出題趣旨を汲み取り、それに答えているのが「優れた答案」であり、そして、**出題趣旨は問題ごとに異なりますから、具体的な問題を離れた形での「答案の書き方（＝方法）」なるものは原理的に存在しません**。どのような問題にも妥当する

「魔法のような答案作成術」などないのです（仮に、そのようなものがあるなら、誰も苦労しません）。したがって、あえて申し上げるなら、

1）問題文を「素直に」、そして、よく読み、出題趣旨を把握する。
2）その出題趣旨に応じた形で、つまり、出題趣旨が何であるかを分かっていることを示しつつ、分量や構成にも留意して、答案を作成する。

というのが「答案の書き方」であり、これは「修行」を積んで「体得」するしかありません。

　もっとも、「修行」を積むには「素材」が必要であり、一定量の問題演習をして実際に答案を書いてみないと、「体得」することはできません。

　そこで、『基礎プログラム民法』では、春学期の中盤（4月下旬）に本書に収録した「サンプル問題」とその解説をお配りし、動画で解説会を行っています。もちろん、「答案の書き方」は究極的には「出題趣旨」によりますので、ここで示された問題検討の手順は「万能」ではありませんが、比較的汎用可能性は高いように思います。

　また、「修行」を積んで「体得」するには、一定量の問題演習をこなす必要があります。そこで、上記の各科目について、おおむね過去5年分くらいの定期試験の過去問と解説（参考答案）をお配りしています。

本書の活用法

　本書を手にしてくださるみなさんは、法学部や法科大学院に在籍中の方、あるいはそれ以外のみなさんで司法試験や司法試験予備試験を目指している方々であるように思います。多様なみなさんが「読者」ですので、本書をどのように利用するかは、もちろん、みなさんの選択に委ねられます。それぞれのみなさんの学習の進展状況やご自身の勉強方法に従ってご活用ください。

　もっとも、3年課程1年生のみなさんの中には、勉強の仕方自体に迷ったり悩んだりしている方もいらっしゃいます。そこで、一応、次のような手順を1つのサンプルとしてお勧めしています。

①実際の定期試験と同じ方法で、まず問題を解き、答案を作成してみる。

すなわち、

　ⅰ）参照してよいのは、六法のみ。

　ⅱ）制限時間は90分とし、正確に時間を守る。途中までしかできてきないときは、そこで打ち切る。（なぜなら、それが今のみなさんの「実力」だからです。自分の実力を把握し、自覚するための「貴重な」機会を失ってはいけません。）

②次に教科書や参考文献を参照して、自分の理解していなかった箇所や忘れていた基本的事項を確認し、自覚する。ただし、この時点でも、まだ参考答案は見ない。

③上記②の後、参考答案を参照し、自分が「身にしみて分かっていなかった」基本的事項を確認した上、そのことを意識して復習し、使いこなせるようにする。

④なお、現時点では難しいが、上級編として、その問題を解いた時点の知識水準（＝理解度や定着度）でも、「このような手順で検討していれば、より良い答案を書けたであろう」という「方法論」を考え、書き留めておく。これには「見たことのない問題」に対する「対処法」をあらかじめ考えておく、という重要な意味がある。

とはいえ、勉強の仕方は人それぞれですので、ご自身に合った方法で活用してください。

なお、３年課程１年生を対象とする科目ですので、参考答案はいわゆる要件事実論に即した形にはなっていません。

また、「優れた答案」は１つの種類には限られませんので、「これだけが正しい」という意味での「模範答案」は存在せず、そのため、必然的に「好み」の問題（文体はもとより、たとえばどこまでリスクアバース〔＝心配性〕であるかなど）が介在します。この点はくれぐれもご留意ください（とはいえ、答案の中には明らかに「優れているもの」と「優れていないもの」が存在します）。

さらに、上記のように科目の内容を切り分けても、とりわけ財産法は全体として一体を成していますので、たとえば民法Ⅱの定期試験で民法Ⅲに関連

iv

する事項が出てくることもありえます。まだ習っていない事項については、間違っていても差し支えないことを示すようにしています（たとえば第7問の参考答案をご覧ください）。

　最後に、解答にあたっては、問題文において特定されている日時にかかわらず、本書が出版された時に施行されている法令に基づくようにしてください。

　それでは、みんなで一緒に民法を楽しみながら学んでいきましょう。

＊民法玉手箱は登録商標（登録第6505576号）です。

v

目　次

はしがき……i

序　章　サンプル問題 ……………………………………………… 1

| サンプル問題 ……………………………………………………… 2
| サンプル問題　解説と参考答案 ………………………………… 4

第1章　総則、物権 ……………………………………………… 15

| **第1問**　土地の一部の取得時効と分筆登記、虚偽表示（虚偽の中間省略登記）と第三者、取得時効と登記 ……………………………… 16
　　　　──基礎プログラム民法Ⅰ（平成29年）
| **第2問**　付合と即時取得、無権代理人の責任、対抗関係における第三者、無権代理人の本人相続と相手方の処遇 ……………………………… 24
　　　　──基礎プログラム民法Ⅰ（平成30年）
| **第3問**　復代理と表見代理、無権代理人の責任、無権代理行為の追認と第三者、共有と保存行為、所有権に基づく物権的請求権 …………………… 34
　　　　──基礎プログラム民法Ⅰ（令和元年）
| **第4問**　盗品と即時取得、使用利益と費用償還、心裡留保に基づく代理権授与と第三者、表見代理 …………………………………… 43
　　　　──基礎プログラム民法Ⅰ（令和3年）

●コラム1：面子丸つぶれ ……… 53

vi

第2章　契約、債権総論（債務不履行等） …………………………………… 57

第5問　請負と解除、一部解除と報酬請求、所有権の帰属、虚偽表示と賃借
人、賃料請求の可否 ………………………………………………… 58
　　　──基礎プログラム民法Ⅱ（平成27年）

第6問　二重賃貸借、無断転貸と引渡請求権者、賃貸目的物の滅失と賃貸借
の帰趨、費用償還 ………………………………………………… 67
　　　──基礎プログラム民法Ⅱ（平成28年）

第7問　他人物売買と解除及び損害賠償、履行補助者、賠償の範囲、取立委
任と解除 …………………………………………………………… 74
　　　──基礎プログラム民法Ⅱ（平成29年）

第8問　手付、契約不適合責任と損害賠償、修繕費用の求償、受領遅滞と危
険負担及び解除、代償請求権 …………………………………… 82
　　　──基礎プログラム民法Ⅱ（平成30年）

●コラム2：委任契約の解除と損害賠償 ……… 92

第3章　債権総論、担保物権、不法行為等 ………………………………… 97

第9問　債権の二重譲渡と同時到達及び債権者同士の関係、債権譲渡と相殺
及び逆相殺 ………………………………………………………… 98
　　　──基礎プログラム民法Ⅲ（平成27年）

第10問　不法行為と後続する医療過誤、因果関係の範囲、弁済に基づく求償
と被用者の責任 …………………………………………………… 107
　　　──基礎プログラム民法Ⅲ（平成28年）

第11問　債権者代位権と抵当権に基づく物上代位、債権譲渡との関係、抵当
権侵害と失火責任法、失火責任法と債務不履行 …………………… 118
　　　──基礎プログラム民法Ⅲ（平成29年）

第12問　放火と不法行為、使用者責任、抵当権に基づく物上代位、保証人と
求償及び弁済による代位、売却代金への物上代位 ………………… 127
　　　──基礎プログラム民法Ⅲ（平成30年）

●コラム3：民法に愛はあるか ……… 135

目　次　vii

第4章　親族、相続 ………………………………………………………………… 137

第13問　代襲相続と相続分、相続放棄前の第三者、遺言書の隠匿と欠格事由、相続欠格と第三者 ……………………………………………………… 138
　　　　──**基礎プログラム民法Ⅳ（平成28年）**

第14問　親権の停止と表見代理、本人による無権代理人の相続と履行責任、遺贈と遺贈義務者からの譲受人、遺留分侵害額請求 ……………… 146
　　　　──**基礎プログラム民法Ⅳ（平成29年）**

第15問　虚偽の出生届と認知及び養子縁組、特定遺贈と第三者、相続回復請求権と取得時効 ………………………………………………………… 155
　　　　──**基礎プログラム民法Ⅳ（令和2年）**

第16問　未成年後見人の利益相反と代理権の濫用、未成年被後見人と後見人の養子縁組、養子と近親婚、遺産分割協議後の第三者 …………… 164
　　　　──**基礎プログラム民法Ⅳ（令和4年）**

●コラム4：詫び状 ……… 175

【序 章】

サンプル問題

2 【序 章】サンプル問題

サンプル問題

［問題］次の文章を読んで、後記の〔設問1〕及び〔設問2〕に答えなさい。

I 【事実】

1. 2013年4月1日、Aは、Aの父親の所有する土地（以下「本件土地」という。）を父親から贈与され、A名義の移転登記がされた。

2. 2013年5月1日、Aの婚約者であるBはAからこの話を聞き、Bの行っていた事業に信用をつけるため、Aに無断で本件土地に関するAB間の売買契約書を作成し、AからBへの移転登記をした。

3. 2013年7月1日、Aは本件土地の売却話が持ち上がったので、その下準備として登記所に赴いたところ、AB間の移転登記がされていることに気づいた。驚いたAがBを詰問すると、Bは【事実】2の事情を告白した。

4. 2013年7月1日以降、AはBに対して本件土地の登記をA名義に戻すように何度か求めたが、Bは言い訳を重ねてなかなか登記名義を戻そうとせず、また、Aとしても、【事実】3の売却話が頓挫したことから、Bに対してそれ以上強い態度に出ることもできず、結局、しばらくの間、本件土地の登記はB名義のままにされていた。

5. その後、Bは、事業はうまく行かなかったため、Cに対して本件土地を売却し（以下「本件売買契約」という。）、BC間で移転登記がされた。

〔設問1〕【事実】1から5までを前提として、以下の（1）に答えなさい。
（1）Cは、Aに対して、本件土地の所有権を主張することができるか。

Ⅱ 【事実】１から５までに加え、以下の【事実】６の経緯があった。

6．Ａが本件売買契約を知った時には、すでにＣはＤに対して本件土地を転売し、ＣＤ間で移転登記がされていた。

〔設問２〕 【事実】１から６までを前提として、以下の（２）に答えなさい。
（２）Ｄは、Ａに対して、本件土地の所有権を主張することができるか。

【注意】

　本問は『答案作成用の問題』です。現在の自分の実力と自分に何が足りないかを「正確に」把握するため、以下の手順で自習することをお薦めします。

　①定期試験と同じ方法で、まず問題を解き、答案を作成してみる。すなわち、

　　ⅰ）参照してよいのは六法だけ。教科書や参考文献は参照しない。

　　ⅱ）時間は60分とし、途中までしかできていなくても、そこで打ち切る。

　②最初に取り組む『答案作成用の問題』なので、本問については、動画による解説を行います。また本問に挑戦する目的は、今後の学習の方向性を見定めるため、「できない自分」、そして「分かっていても書けない自分」を発見することにあります。したがって、動画の視聴前に行う作業は上記①だけで、教科書や参考文献を参照する必要はありません（そのような作業は動画視聴後に行ってください）。

　③動画視聴の際には、自分で作成した答案のほか、下書き用紙もご用意ください。

　④動画を視聴した段階で、自分の足りないところが見えてくると思いますので、その点を意識して復習してください。また単に「復習する」だけでなく、「どのような方法で」復習するのがよいかを考えるための「素材」として、この演習問題を「活用」してください。

サンプル問題　解説と参考答案

「答案の書き方」は出題趣旨に依存します。したがって、どのような問題にも普遍的に妥当する「答案作成術」なるものは存在しません。

とはいっても、答案は自分の理解度をプレゼンする「場」ですので、特に事例問題の場合、押さえておいたほうが良いポイントは存在します。そして、その「流れ」を申し上げるなら、おおむね次のとおりです（ただし、もちろん、個別具体的な問題に即してアレンジする必要があります）。

① まず最初に、設問に応じた「問題提起」を行う。つまり、何が問われているのかを分かっていることを示す。これは、問題分析能力を含め、自分の理解の確かさを印象づけることにつながる。

　　もっとも、ここで詳細に検討すると、後の検討と重なってしまうので、問題提起は簡略なものでよく、長々と論ずるのは考えものである。

② 問題提起の後、まず「前提」を書く。通常、「原則」を示すのがこれに当たろう。つまり、「原則に従うなら、どうなるか」を示すのである（「原則あっての例外」）。

　　もっとも、原則が長すぎると、そこに時間を取られ、肝腎の検討が不十分になる可能性があるので、分量には注意したほうがよい。

③ 仮に、「例外」があるなら、それがありうることを示した後（つまり、その点に関して問題提起をした後）、当該事案が例外に当たるか否かを吟味する。その際、問題文が一義的に明らかでないなら、場合分けをして分析を進める。

④ 特定の条文を適用する場合には、適用されるべき「理由」も説明する。すなわち、特定の条文の定める要件が、何故、要件とされるかについて、その趣旨目的を説明した上、本問ではどうなるか、を論じていく。

　　もっとも、ここでも分量には注意すること。不必要に長く書くと、事案に対する「当てはめ」が簡略になりすぎる可能性がある。

⑤特に類推適用の場合は、当該事案に特定の条文が類推されるべき「理由」をきちんと説明する。その際には、当該条文の趣旨目的を吟味しながら、１つ１つ順を追って、議論を進める。

⑥適用されるべきルールの要件を示した後、事案への「当てはめ」を行う。

　　なお、要件と当てはめは区別して記述するのが通常だが、中心的な問題点でない場合や時間的余裕がない場合には、両者を融合させて記述する方法もありうる。

⑦以上のように、特に事例問題の場合は、問題文をよく読んで、出題趣旨を見極め、問題提起を行った後、その問題点に即しながら、きちんと説明し、吟味、つまり、当てはめを怠らず、論理を１つ１つ積み上げていくのがポイントである。

　　また、答案とは、自分の覚えていること、あるいは書きたいことを書くのではなく、「問いに答える」姿勢が最も肝要であり、常に心がけること。

⑧なお、何が出題趣旨であるかは、「学習」していれば分かるはずであり、それを分かるようになるのが「学習」である。また、検討すべき事項の数によって、個々の事項に割くことができる叙述の分量は当然変化するので、バランスには注意する。

　　「答案」とは、自分が分かっていること（＝何が問題で、それがどのように扱われるべきか）を示すプレゼンの「場」であり、「舞台」である。その「演じ方」は一様ではなく、「これのみが正しい」という意味での「模範答案」は存在しないが、明らかに「優れているもの」と「優れていないもの」がある。

〔設問１〕（１）について

１　まず最初に設問に応じた「問題提起」をする。何が問題であるかを端的に示す。

> →「Ｃは、Ａに対して本件土地の所有者であると主張できるか。本

6 　【序 章】サンプル問題

　　　　件土地の所有権の帰属が問題となる。」

2　次に「原則」を確認するが、その際には、そのようになる理由にも簡
　単にふれる。

　　　→「本件土地の所有者はＡであって、Ｂではない。したがって、所
　　　　有者でないＢから本件土地を買ったＣは、原則として所有権を
　　　　得ることはできない。」

　　＊Ｃが所有権を得られないという結論だけでなく、その理由も簡潔に
　　　説明したほうがよい。
　　＊＊もちろん、余力があれば、「登記には公信力が認められていない
　　　から」といった理由づけを加えてもよい。

3　続いて「例外」について、すなわち、ＡがＢ名義の登記を放置してい
　ることから、94条２項の適用可能性について論じる。つまり、「問題提
　起」をするのである。

　　　→「しかし、ＡはＢ名義の登記を知りながら放置し、そのため、Ｃ
　　　　がＢとの取引に入ったとも考えられることから、94条２項を適
　　　　用できるかが問題となる。」

　　＊いきなり「適用する」のではなく、適用できるかどうかをまず吟味
　　　する。

4　「問題提起」を受けて、その吟味を始める。つまり、Ａの行為（放
　置）が94条所定の要件を満たすか否かを検討する（この場合、第三者、
　すなわち、Ｃについてからではなく、虚偽表示の存否から分析するのが
　「手順」であろう）。
　　なお、問題文に明らかでない箇所があるなら、その点について場合分
　けを行う。なぜなら、出題者は、そのような場合分けができるか否かを

試していると考えられるからである（特に著名な問題点の場合、それが出題趣旨であることもある）。

> → 「94条は自ら虚偽の意思表示を行ったことを要件としているが、本問の場合、Aは単にBのした虚偽の登記を放置しているにすぎないから、94条の要求する帰責性は満たされていない。したがって、原則として、94条を適用ないし類推適用することはできない。」

＊ここでもまず「原則」の確認からはじめる。
＊＊本問の詳しい事実関係（＝AB間の事情）を拾い上げ、「当てはめ」を行っているなら、一層よい。

5　次に「原則」を確認した後、「例外」について、その要件にも言及しつつ、論じる。

> → 「しかし、Aの放置が長期間にわたるとき、もはやそれはAがB名義の虚偽の外観を事実上承認したものと解することができるから、Aは94条が要求する帰責性と同等の帰責性を満たしており、94条を類推適用しうると考える。」

＊問題文では、【事実】4の冒頭までは日付が記されているのに、その後の事情については、「しばらくの間」とするだけで、Aの放置が長期間であったとも、短期間であったとも書かれていない。ということは、出題者は受験者がそのような場合分けができるかどうか、つまり、この点についてきちんと勉強しているかどうかを判断しようとしているように思われる。したがって、受験者のほうで勝手に「放置は短期間であったはずである」とか、「長期間の放置のはずだ」と決めつけてはならない。

　なお、この意味で、本問は「当てはめ」というより、「場合分け」を試す問題であり、それが出題趣旨である。何が出題趣旨であ

8 【序章】サンプル問題

るかは、実際の問題を見て判断するほかない。

＊＊最判昭和46年9月22日民集24巻10号1424頁の事案では、所有者は単に虚偽の登記を長期間放置していただけではなく、その登記を前提に別の行為を行っており、このことを類推適用の要件に加えることも可能である（この場合、長期間の放置に加え、そのような条件が揃ったときにはじめて類推適用が可能となる旨を記述し、それに即して論述を展開する）。

6　その上で、実際にＣが保護されるか否かを、この事案に「当てはめ」ながら、検討する。その際には、Ａ側の要件のほか、Ｃが備えるべき要件についても、その趣旨目的にふれながら、論じる。ただし、分量のバランスには注意する。

→「ＡがＢ名義の登記を長期間放置していた場合、94条が類推適用されるが、同条2項では、善意の第三者のみが保護されるとされている。虚偽の外観であることを知って取引に入った者を保護する必要はないからである。

　　そして、本問の場合、まずＣは、ＡＢ間の取引関係を前提に、Ｂとの取引に入った者であるから、94条2項の「第三者」に当たる。

　　すると、次にＣの善意悪意が問題となり、Ｃが善意、すなわち、Ｂの登記が虚偽であることを知らなかった場合、ＡはＣとの関係ではＡからＢへの所有権移転を否定できない結果、ＣはＡに対して本件土地の所有権を主張することができる。他方、ＣがＡＢ間の事情を知っている悪意の場合、ＣはＡに対して本件土地の所有権を主張することができない。」

＊この部分の書き方は種々ありえ、「好み」が出てくる。とはいえ、まずＣが「第三者」に当たるか否かを検討してから、その主観的態様について検討したほうが、「第三者」の意義に関する理解度を示す意味で、適合的な場合が多いであろう。

また、「第三者」の意義については、この程度の説明でよく、出
題趣旨にもよるが、あまり長々と説明する必要はない（ここで力を
入れすぎると、ほかの部分の検討が手薄になる可能性がある）。し
かし、「第三者」の意義に全くふれずに、単に「Cが善意である場
合には、……」といった論述では足りない。また、Cの善意とは具
体的に何を意味するかについても、明確に説明したほうがよかろう
（＝出題者に分かっていることを示すには、心の中で「分かってい
るかどうか」ではなく、実際に「書けているかどうか」がポイント
となる）。

　＊＊無過失の要否について論ずるのはよい。しかし、それはこのよう
な叙述を経た上でのことである（本問〔＝単純放置〕は、いわゆる
「94条2項＋110条」類推適用事例とは事案を異にする）。また、登
記の要否についても同様である（96条3項におけるのと異なり、94
条2項では深刻な問題点にはなっていない）。

　　要するに、この2つの事項は本問の中心的な問題点ではない。
「何が中心的な問題点であるか」を見抜く目を養うように意識的に
心がけること。

〔設問2〕（2）について

7　ここでも、まず「問題提起」からはじめる（〔設問1〕と重なるので
簡単でよい）。

> → 「DはAに本件土地の所有権を主張できるか。ここでも所有権の
> 帰属が問題となる。」

8　次に「原則」を確認した上、「例外」がありうることを説明する。

> → 「〔設問1〕と同様、Bは所有者でなく、そのため、Cも所有権
> を取得しない。したがって、Cから本件土地を購入したDも、
> 原則として所有者となることはない。しかし、Aの放置が長期

に及んだ場合、〔設問1〕と同様、94条の適用可能性が問題となる。そこで以下では、放置が長期間に及ぶことを前提に検討する。」

9　続いてこの「例外」について検討するわけだが、〔設問2〕では、Cのほかにdという転得者が登場する関係上、いくつかの「場合分け」が必要となる。そのため、その場合分けの仕方と叙述の順序が問われることになるが、Cが直接の第三者であるので、まずCについて、94条2項が類推適用される場合の処理の仕方から論じていくのが適合的であろう（このような「構成」は重要）。
　　ただし、AD間の関係が問われているのであるから、その場合にDがいかなる立場に立つかについて、理由を述べつつ、論理的に説明する。

→「まずCがAB間の関係について善意であった場合、CはAに対して所有者であることを主張できるから、所有者Cから所有権を譲渡されたDも所有権を取得できるはずである。」

10　これが「原則」であるが、この点に関して、争い（いわゆる絶対的構成と相対的構成）があることは、勉強していれば直ぐに分かるであろう。そして、いずれの立場を採るかによって、AD間の関係の理解は変わってくるから、当然その検討を要するが、論述の際には、何が、何故、問題であるかをきちんと説明する必要がある（＝自分が分かっていることを出題者にアピールする）。これは取りも直さず「問題提起」となる。

→「しかし、本来、94条2項は虚偽の外観を信頼した者を保護する制度であるから、Cが善意であっても、Dが悪意であるとき、真の権利者Aの利益を害してまでDを保護する必要はないのではないかとの疑問が生ずる。」

11 この問題提起を受けて、自分の立場を説明することになるが、その際
に最も重要なのは、いずれの説を採るかではなく、ある説を採った場合
に、その説を採った「理由」、すなわち、その説の理由づけをしっかり
表現することである。つまり、このように学説が割れている場合、いず
れの学説にも応分の理由があるはずで、そうであるなら、肝腎なのはど
の説が正しいかではなく、何故、その説が唱えられているかを自分は
しっかり理解していることを出題者に示した上で、結論を導くのが肝要
である。要するに、その説の論拠を「簡にして要を得た」形で表現する。

> → 「とはいえ、仮にこの場合にDが保護されないとすると、悪意者
> はCと取引をしなくなるものと考えられ、その結果、Cは取引
> の機会を失うから、それでは法が善意の第三者を保護しようと
> した目的が損なわれる。したがって、Dが悪意であったとして
> も、DがCをわら人形として使ったような特別な場合を除き、
> DはAに所有権を主張できるものと考える。」

＊所有権を失ったDからCが責任追及される可能性のあることを理由
づけに加えてもよい。

＊＊以上は絶対的構成に基づく論述であるが、相対的構成を採っても
差しつかえない。問題は相対的構成を採るべき理由、つまり、相対
的構成が自説を根拠づけるために持ち出している理由をきちんと理
解し、それを具体的に論述できているかどうかである。相対的構成
の理由としては、

（α）94条2項が善意者保護を目的とした制度であるなら、悪意者
　　　Dを保護する必要はなく、このことによってCが何らかの不
　　　利益を受けたとしても、94条2項はそこまで強くCを保護す
　　　る趣旨ではないと解釈しうること、

（β）また、Dは自らの事情に基づき所有権を取得できないのであ
　　　るから、Cに対して責任追及できない、したがって、Cが不
　　　利益を受けることはないと考えられること、

（γ）仮に悪意者Dが保護されるとなると、DがCをわら人形とし

12　【序 章】サンプル問題

　　　　　て利用する危険性が高まること、
　　などが挙げられよう。
　　　なお、以上の点を、理由づけをも含め、理解していると分かるも
　のなら、いずれかの見解を自分の考え方として採用する必然性はな
　い。ただし、複数の考え方を併記している答案の場合、往々にして
　単にある考え方とそこから導かれる結論のみを列記しているものが
　多い（単に「絶対的構成によれば○○となり、相対的構成によれば
　××となる」という記述で終わっている答案）。
　　　また、理由づけは標準的なものでよく、出題者を心底納得させる
　ものである必要はない（そのようなことは不可能であるし、仮にそ
　れが可能なら、見解を戦わせていた学界は「愚者の集団」であるこ
　とになろう）。答案の目的は、出題者を説得し回心させることでな
　く、自分がきちんと学習していることを示すことにある）。

12　9から11までの「第1の場合分け」に続く、「第2の場合分け」とし
　　て、Cについて94条2項が成立しない場合を挙げ、そこでの処理方法と
　　その理由を述べる。そして、その際も、まず「原則」を掲げ、次に「例
　　外」に移る。

┌───────────────────────────────┐
│　→「次に、CがAB間の関係について悪意であった場合、Cについ　│
│　　て94条2項が類推適用されることはない。したがって、この場　│
│　　合、所有者でないCからの買主であるDは、Aに対して所有権　│
│　　を主張することはできない。」　　　　　　　　　　　　　　　│
└───────────────────────────────┘

13　「原則」を確認した後、「例外」を論じることになるが、その際も、何
　　故、例外がありうるのか、という「問題提起」から始める。

┌───────────────────────────────┐
│　→「しかし、たとえCが悪意であっても、DがAB間の関係につい　│
│　　て善意であった場合、94条2項が善意者保護を目的とする規定　│
│　　である以上、Dについて直接94条2項を類推適用できないかが　│
└───────────────────────────────┘

サンプル問題　解説と参考答案　13

問題となる。」

　＊「問題提起」から始めるのは、論理の「飛躍」や「漏れ」を避ける
　　ためである。

14　「問題提起」を受けて、自分の考え方を「理由」を付しながら、展開
　する。

　→「この場合、Aは94条の定める帰責性を満たしており、かつ、D
　　はAの放置に起因する虚偽の外観に基づき、所有者でない者を
　　所有者であると信じて取引に入った者であるから、AとDとの
　　均衡、及び、94条2項が虚偽の外観を信じた者の保護を目的と
　　していることに照らすなら、94条2項の「第三者」をことさら
　　直接の第三者に限り、Dのような転得者を排除すべき理由はな
　　いと考える。したがって、この場合、転得者Dについて、直接
　　94条2項を類推適用してよく、したがって、DがAB間の関係
　　について善意で、Cを所有者と信じていた場合、DはAに対し
　　て所有権を主張できることとなる。」

　＊たとえば「Aが自分以外の他人の登記名義を容認している点に着目
　　するなら、この場合、AD間に虚偽表示があったとの比肩すべき状
　　況にあったものとも考えられる」といったような理由づけを補って
　　もよい（ただし、荒唐無稽な理由づけは避けたほうがよい）。
　＊＊要するに、上記11と同様、ここでも「理由づけ」が求められてい
　　るのであって、単なる順列組合せでは足りない。「記述」ないし
　　「論述」が求められている以上、「結論さえ正しければよい」という
　　ことにはならない。

◆サンプル問題を素材とした勉強方法につき、簡単な動画教材を用意してい
　ます。リンク先等については、日本評論社のウェブサイト上でお知らせい
　たします。

【第1章】

総則、物権

16　【第1章】総則、物権

第1問　問　題

［問題］次の文章を読んで、後記の〔設問1〕及び〔設問2〕に答えなさい。

Ⅰ　【事実】
1．Aの所有する甲土地とBの所有する乙土地は隣接した土地であり、その真の境界は①と②を結んだ線である（別紙境界図を参照）。しかし、市役所のミスから、甲土地と乙土地の境界を示す標識（境界標）が③と④に設置されていたため（別紙境界図を参照）、Aは乙土地の一部（①②③④で囲まれた部分。以下「丙部分」という。）を甲土地に属するものと勘違いしていた。
2．1991年3月、Aは、甲土地をCに売却したが、その際、Cに「甲土地と乙土地の境界は③と④を結んだ線である」と説明したため、Cもそのように信じ、丙部分の占有を始めた。もっとも、登記簿を確認すれば、甲土地と乙土地の境界が①と②を結んだ線であることは気づきうるものであった。

> 〔設問1〕【事実】1及び2を前提として、以下の（1）及び（2）に答えなさい。
> （1）2012年4月の時点で、Cは、Bに対して、丙部分の所有者が自分（＝C）であると主張することができるか。
> （2）もしCがそのような主張をできるとすると、Cは、Bに対して、具体的にどのような請求をすることができるか。

Ⅱ　【事実】1及び2に加え、以下の【事実】3及び4の経緯があった。
3．2013年4月、Bは、乙土地（丙部分を含む。）をDに売却したが、Dには債権者が多数いたことから、Dは、債権者の目をくらませるため、

Bに対して、実際には転売などしていないのに、「乙土地は親戚のEに転売したので、登記名義は自分（＝D）の名義ではなく、Eの名義にしてほしい」と依頼し、そのため、B名義から直接E名義への移転登記がされた。
4．Eは、当初、自分（＝E）名義の登記がされたことを知らなかったが、固定資産税の納税通知書が届いたことから、このことに気づき、これを奇貨として、乙土地（丙部分を含む。）を自分の所有物であると偽って、Fに売却し、F名義の登記がされた。Fは、乙土地（丙部分を含む。）をEの所有物であると信じていた。

〔設問２〕【事実】１から４までを前提として、以下の（３）及び（４）に答えなさい。
（３）Fは、Dに対して、乙土地（丙部分を含む。）が自分（＝F）の所有物であると主張することができるか。
（４）Fは、Cに対して、丙部分が自分（＝F）の所有物であると主張することができるか。

別紙境界図

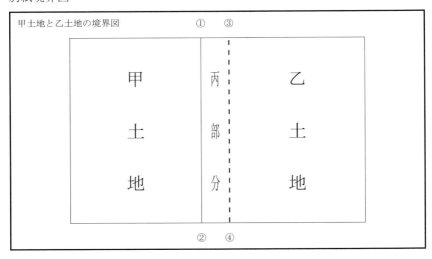

18　【第1章】総則、物権

第1問　参考答案と解説

〔設問1〕（1）について

　Cは、Bに対して、丙部分の所有者であると主張することができるか。丙部分の所有権の帰属が問題となる。（＊01）

　丙部分は、本来、乙土地の一部であって、甲土地には属していない。したがって、CがAから甲土地を買っても、丙部分の所有権を取得することはない。（＊02）

　しかし、Cが丙部分を占有していることから、取得時効の成否が問題となる。（＊03）

　まず、Cは、Aから甲土地を買い、その一部として丙部分の占有を始めており、Cには所有の意思が認められる。（＊04）　また、丙部分を占有していたAから引渡しを受けているから、Cの占有は平穏かつ公然といえる。（＊05）　加えて、Cは丙部分を甲土地の一部と信じており、善意である。（＊06）（＊07）

　とはいえ、丙部分が乙土地の一部であることは、登記簿を確認すれば分かったはずであるから、Cには過失が認められ、162条2項は成立しない。（＊08）　しかし、Cは、20年以上丙部分を占有しており、162条1項に基づき、丙部分の所有権を取得する。（＊09）　したがって、Cは、Bに対して丙部分の所有権を主張することができる。（＊10）（＊11）（＊12）

〔設問1〕（2）について

　Cは、Bに対してどのような請求をすることができるか。（＊13）

　Cは丙部分の所有権を取得するが、これを第三者に対抗するには、対抗要件を具備しなければならない。（＊14）　そのため、Cは、Bに対して、丙部分を乙土地から分筆し、丙部分の登記をCに移転するように請求することができる。（＊15）（＊16）

（以上、約600字）

＊01：まず問題提起から始める。

＊02：次に、原則を確認する。

＊03：原則の後、例外を挙げ、その吟味に移る。

＊04：「所有の意思」に関する検討。

＊05：「平穏に、かつ、公然と」に関する検討。

＊06：「善意」に関する検討。

＊07：「所有の意思」、「平穏に、かつ、公然と」及び「善意」は、推定される（186条1項）。そのため、ここでこの規定を挙げてもよいが、上記のとおり、個別に要件を挙げた上、簡単な当てはめをしたほうが丁寧であろう。

＊08：162条2項が成立しないことは、厳密にいうなら、不要な分析であり、162条1項のみ論じればよいはずである。しかし、問題文にはわざわざCの過失に関連する事情が挙げられているので、簡単にふれておいたほうが安心であろう。

＊09：162条1項が成立することは、それまでの要件の分析から導くことができるので、再度検討する必要はない。また同項は「善意」を要件としていないが、このことに言及するか否かは時間による。

＊10：最後に結論を記す。

＊11：なお、162条では、「占有」も要件とされており、厳密にいうなら、Cが丙部分を占有しているか否かも検討しなければならない。しかし、問題文そのものに「〔Cは〕丙部分の占有を始めた」とあるので、そのことを前提として差し支えない（「占有」について検討してもよいが、簡略にすること）。

＊12：CがBに対して丙部分の所有権を主張するのに、Cが対抗要件（＝登記）を具備している必要はない。なぜなら、CはBから丙部分の所有権を（原始）取得しているので、Cから見て、Bは「第三者」（177条）ではなく、「当事者」（売買契約になぞらえていうなら、売主）だからである。

　　また、〔設問2〕（4）との関係で、あらかじめ指摘しておくなら、もしCが丙部分を占有してから20年経過する前に、Bが丙部分をXに売却していた場合、Cから見て、Xも「第三者」（177条）ではなく、「当事者」となり、Cは登記を具備しなくても、Xに対して丙部分の

20 　【第1章】総則、物権

所有権を主張できる、というのが判例理論である。もっとも、この「時効完成前の第三者」という問題については、「Xが登記をすれば、これが時効の更新事由になる」という解釈（ただし、そのような規定はない。）をはじめ、様々な見解が唱えられている。

*13：まず問題提起から始める。

*14：前注「*12」で説明したとおり、Bとの関係では、Cは、登記を備えていなくても、所有権を主張できるが、「第三者」との関係では、登記を備えていないと所有権を主張することができない（「第三者」の具体例としては、〔設問2〕参照。つまり、〔設問1〕（2）は〔設問2〕（4）の導入になっている）。

*15：これが正確な記述であるが、現時点では「丙部分について、移転登記を求めることができる」といった程度の書き方で十分である。

　なお、CのBに対する登記請求権はいわゆる「物権的登記請求権」であり、物権に由来するという意味で、物権的請求権の一種（＝物権的妨害排除請求権）とされる。

*16：Cは丙部分を円満に占有しているから、登記請求以外の請求はあまり考えられないであろう。

〔設問2〕（3）について

　Fは、Dに対して、乙土地の所有者であると主張することができるか。乙土地の所有権の帰属が問題となる。（*17）

　Bは乙土地をDに売却し、Dが所有権を取得したが、DはEに転売しておらず、すると、FがEから乙土地を購入しても、所有権を取得することはない。したがって、Fは乙土地の所有者であると主張できないのが原則である。（*18）

　もっとも、DはEに乙土地を転売していないのに、転売したと偽ってBに直接E名義の移転登記をさせ、Fはそれを信じてEから乙土地を購入している。すると、Fにつき、94条2項を適用ないし類推適用できるかが問題となる。（*19）

　乙土地の登記は、BからEに直接移転しており、登記簿上、Dの意思表示に当たるものは存在しない。したがって、94条2項は適用できないように思

える。（＊20） しかし、Dは、Eに転売していないのに、BにE名義の登記
をさせ、意図的に虚偽の外観を作出している。（＊21） また、確かに乙土地
の登記名義はBからEに直接移転しているが、そのようにさせたのはDであ
るから、事態は、BからDに移転登記がされた後、DがEに無断でE名義の
登記をしたのと大差ない。（＊22） すると、DE間に通謀はないものの、D
には意図的に虚偽の外観を作出したという帰責性が認められるから、94条2
項の類推適用は可能であると考える。（＊23）（＊24）

次に、Fは、Eが乙土地の所有者であることを前提にEとの取引に入って
おり、94条2項の「第三者」に当たる。（＊25） そして、Fは、Eを所有者
と信じているから、善意である。（＊26） したがって、Fは、Dに対し、乙
土地の所有者であると主張することができる。（＊27）

〔設問2〕（4）について
Fは、Cに対して、丙部分の所有者であると主張することができるか。丙
部分の所有権の帰属が問題となる。（＊28）

丙部分は、一方でCがBから時効によって取得している（〔設問1〕（1））。
（＊29） 他方、Cが対抗要件を備える前に（＊30）、丙部分は乙土地の一部
としてBからDに譲渡され、さらにFに所有権が移転している（〔設問2〕
（3））。（＊31） すると、丙部分は、Bを起点として、一方でCへ、他方で
Dへ、二重譲渡されたことになる。（＊32）（＊33） そして、D名義の登記
はされていないものの、Dから乙土地（丙部分を含む。）の所有権を取得し
たFは登記を備えているので（＊34）、Fは、Cに対して、丙部分の所有権
を主張できると解する。（＊35） Cは、取得時効が完成した時点で、Bに対
して丙部分の分筆と登記移転を請求できたのに（〔設問1〕（2）），それをし
なかったのであるから、Fに劣後してもやむを得ないと考える。（＊36）

（以上、約1100字）

＊17：ここでも問題提起から始める。

＊18：次に、原則を確認する。

＊19：原則の後、例外を挙げ、その吟味に移る。

22 　【第1章】総則、物権

＊20：通常の94条2項の適用ないし類推適用との違いを確認する。

＊21：Dが94条の想定する帰責性を満たしていることを指摘する。

＊22：自説を補強するためのバランス論である。

＊23：Dが所有者であるのに、E名義の登記がされているから、理論的にいうなら、DE間に虚偽表示が認められることになろう。

＊24：DはEに無断でE名義の登記をしているから、94条2項の「適用」ではなく、「類推適用」であろう。

＊25：「第三者」の定義と当てはめ（典型例なので、このような書き方もありうる）。

＊26：問題文から事実を拾い、それを評価して、要件に当てはめる。

＊27：結論を記す。

＊28：ここでも問題提起から始める。

＊29：〔設問1〕（1）の結論を確認する。

＊30：【事実】1から4まで参照（問題文と設問を混同しないこと）。

＊31：〔設問2〕（2）の結論を確認する。

＊32：D（及びF）は、いわゆる「時効完成後の第三者」と呼ばれ、時効によって所有権を取得した者（C）と「時効完成後の第三者」は対抗関係に立つとされる。「時効完成前の第三者」については、様々な見解が唱えられているが（前注「＊12」参照）、「時効完成後の第三者」については、対抗関係とすることで判例学説はほぼ一致している。

＊33：「BがDに乙土地を売る前に、Cの取得時効が完成しているので、DがBから取得できるのは、丙部分を除いた乙土地だけであり、丙部分の所有権はCに帰属する」との答案も散見された。しかし、Cは、対抗要件を備えていなければ、丙部分の所有権を取得しても、その所有権取得を主張できないはずである。

　　たとえばYがBから丙部分を購入したが、対抗要件を備える前に、丙部分を含め、DがBから乙土地を購入した場合、YとDは対抗関係（＝二重譲渡）に立つはずであり、「DがBから乙土地を買う前に、Yが丙部分をBから買っているので、Dが取得できるのは、丙部分を除いた乙土地だけであり、丙部分の所有権はYに帰属する」とはされないはずである。〔設問2〕（4）は、Yによる購入をCによる時効取得に入れ替えただけであり、そして、購入と時効取得は同じ扱いがされることになる（＝物権変動の原因における無制限説）。

＊34：94条2項の類推適用により、乙土地の所有権は、B→D→Fと移転し
　　　たことになる（Eは所有権を取得しない。また、D→Fは原始取得と
　　　されよう）。

＊35：厳密にいうと、対抗関係に立つのは、CとDである。そして、Dも登
　　　記を備えていないので（E名義の虚偽の登記をDの登記として扱うこ
　　　とはできまい）、Fの登記がされる前、CとDは互いに所有権を主張
　　　できないこととなろう。

＊36：〔設問1〕（2）を活用した理由づけである。このような事情があるの
　　　で、「時効完成後の第三者」に関する見解はほぼ一致している（前注
　　　「＊32」参照）。

24   【第1章】総則、物権

第2問　問　題

［問題］次の文章を読んで、後記の〔設問1〕、〔設問2〕及び〔設問3〕に
　　　　答えなさい。

I　【事実】
　1．2017年3月、Aは、自己所有の木材（以下「本件木材」という。）を
　　　Bの倉庫で保管してもらうことにし、AB間で本件木材を保管する旨
　　　の契約（＝寄託契約）が締結され、AはBに本件木材を引き渡した。
　2．2017年4月、Cは、自己所有の建物（以下「本件建物」という。）の
　　　外壁の改修工事を行うこととし、Bに改修工事を依頼し、BC間で本
　　　件建物の外壁を改修する旨の契約（＝請負契約）が締結された（以下
　　　「本件請負契約」という。）。本件請負契約によれば、CがBに支払う
　　　請負代金は100万円であり、そのうち、70万円が材料費、残りの30万
　　　円がBの工賃とされていた。
　3．2017年5月、Bは改修工事に取りかかり、同月中に工事を終えたが、
　　　BはAに無断でAから預かっていた本件木材を改修工事の部材として
　　　使用し、本件木材は本件建物と一体化している。

〔設問1〕【事実】1から3までを前提として、以下の（1）及び（2）
　　　　　に答えなさい。
　（1）Aは、Cに対して、本件木材の返還を求めているが、CはAの
　　　　請求を拒絶したい。Aの請求の根拠を確認した上、Cの反論の
　　　　根拠となりうる法律構成を複数挙げなさい。
　（2）上記（1）で挙げたCの反論の根拠となりうる複数の法律構成
　　　　について、要件と効果に着目しつつ、それらの異同を説明しな
　　　　さい。

Ⅱ 【事実】1から3までに加え、以下の【事実】4から6までの経緯が
あった。

4. 2017年6月、ABC間の紛争は、BがAに迷惑料を支払うことで解決
した。そして、同年7月、CはDに本件建物を売却したが、登記も引
渡しもされていない。

5. 2017年8月、Cの一人息子であるEは、金に困り、自分の借金の弁済
に充てるため、Cから何の代理権も与えられていないのに、Cに無断
で、Cの代理人と称して、本件建物をFに売却した(以下「本件売買
契約」という。)。

　Fは、EがCの唯一の親族であることから、Cに確認することなく、
軽率にもCがEに本件建物を売却する代理権を与えたと信じてEとの
契約交渉に入ったが、Eが金に困っているとの噂を耳にし、また、本
件売買契約を締結する際、EがFに売買代金をE名義の銀行口座に振
り込んで欲しいと依頼したことから、Eが売買代金を自分(=E)の
借金の弁済に充てることに勘づいていた。しかし、FはCがEに代理
権を与えたと信じており、いざとなればCE間で問題解決がされるで
あろうと思って、本件売買契約を締結した。

6. 本件売買契約が締結された翌日、Fは売買代金をE名義の銀行口座に
振り込み、Eは、代金支払と引換えに、C宅からCの知らぬ間に持ち
出した権利証等の書類を使って、CからFへの移転登記をした。ただ
し、本件建物の引渡しはされていない。

〔設問2〕 【事実】1から6までを前提として、以下の(3)及び(4)
に答えなさい。
(3) CF間の法律関係を確認した上、EF間の法律関係を説明しなさ
い。なお、表見代理は成立しないものとする。
(4) 本件建物に関するDF間の法律関係を説明しなさい。

Ⅲ 【事実】1から6までに加え、以下の【事実】7の経緯があった。
7. 2018年1月、Cは、【事実】5及び6の経緯を知らぬまま、死亡し、

26 【第1章】総則、物権

EがCの唯一の相続人となった。

〔設問3〕 【事実】1から6までを前提として、以下の（5）に答えな
さい。
（5）本件建物に関するDF間の法律関係を、〔設問2〕（4）と比較
しつつ、説明しなさい。

第2問　参考答案と解説　　27

第2問　参考答案と解説

〔設問1〕（1）について

　Aは、Cに対して、本件木材の返還を請求したい。Aの請求の根拠は何か。
（＊01）

　本件木材の所有者はAであり、AはBに保管を依頼したにすぎない。した
がって、本件木材の所有権はAに帰属し、Aは所有権に基づきCに返還を請
求するものと考えられる。（＊02）

　では、Cはいかなる反論ができるか。（＊03）　次の2つの法律構成があり
うる。

　第1に、Cは、本件木材の即時取得（192条）を主張することが考えられ
る。Cは、請負契約という取引行為に基づき、本件木材を取得しているから
である。（＊04）

　第2に、Cは付合（242条本文）を主張することも考えられる。本件木材
は本件建物と一体化し、その一部になっているからである。（＊05）

〔設問1〕（2）について

　即時取得と付合とでは、要件及び効果の面でどのような違いがあるか。
（＊06）

　即時取得においては、取引行為に基づき、平穏かつ公然と善意無過失で目
的物の占有を始めることが要件となる。（＊07）　〔設問1〕の場合、BC間に
は取引行為（本件請負契約）が存在し、また本件木材はこれに基づきCが占
有する本件建物と一体化しているから、Cは平穏かつ公然とが占有を始めた
といえる。（＊08）　したがって、一体化された時点で、Cが善意無過失であ
れば、Cは本件木材の所有権を取得する。（＊09）

　他方、付合については、付合するだけで足り、取引行為やCの善意無過失
は要件とされない。（＊10）　そのため、本件木材が本件建物と一体化するこ
とにより、付合の要件は満たされる。（＊11）　そして、Cは本件木材の所有

28 　【第1章】総則、物権

権を取得するが、即時取得と異なり、AはCに対して償金請求をすることができる（248条）。(＊12)(＊13)

（以上、約650字）

＊01：まず問題提起から始める。

＊02：簡単に原則を確認すればよい（問題文で、「説明」とはされず、「確認」とされていることに注意）。

＊03：ここでも問題提起から始める。

＊04：第1の可能性を挙げる。その際、理由について簡単に言及したほうがよかろう。ただし、詳しい検討は〔設問1〕（2）でされるので、ここでは概要を記す程度でよい（＝「問題の全体構造をながめる目」）。

＊05：第2の可能性を挙げ、ここでも簡単に理由を述べる。

＊06：ここでも問題提起から始める。

＊07：まず要件を確認する。

＊08：当てはめを行う。ただし、〔設問1〕（1）で当てはめをすでに行っているなら、この部分は簡単に済ませてよい。

＊09：善意無過失の基準時については、正確に書く。

＊10：まず付合の要件を記す。その際、「異同」が問われているのであるから、即時取得の要件との差異を際立たせるようにする。

＊11：当てはめを行う。ただし、〔設問1〕（1）で当てはめをすでに行っているなら、この部分は簡単に済ませてよい。

＊12：効果についても、即時取得と付合との異同を明らかにする。

＊13：即時取得の場合、AはCに対して何も請求できない。取引安全の観点から、Cを保護しているわけである（ただし、CはBに請負代金を支払わねばならない）。他方、付合の場合、AはCに対して償金請求をすることができる。そして、CがAに70万円支払ったとすると、CはBに30万円支払えばよいことになろう（このような帰結を導くための理論構成としては、請負代金の減額とも考えうるし、CはBに対して70万円の損害賠償〔あるいは不当利得の返還〕を請求できるという構成もありえよう）。

第 2 問 　参考答案と解説 　　29

〔設問 2 〕（ 3 ）について
　CF 間の法律関係は、どうなるか。Ｅが無権代理であるため、問題となる。
（＊14）
　Ｅは無権代理であるから、Ｅの代理行為の効果はＣに帰属しない（113条
1 項）。（＊15）　したがって、Ｃは、Ｆに対して、CF 間の移転登記の抹消を
請求することができる。（＊16）（＊17）（＊18）（＊19）
　では、EF 間の法律関係はどうなるのか。Ｅが負う責任が問題となる。（＊
20）
　まず、Ｆは、無権代理人Ｅに対して、契約の履行ないし損害賠償を請求す
ることが考えられる（117条 1 項）。（＊21）　そして、Ｆが契約の履行を選択
した場合、Ｅに対して本件建物の引渡しを請求することになる。（＊22）　確
かにＦは、Ｃに確認することなく、ＥをＣの代理人と信じており、Ｆには過
失が認められる。（＊23）　しかし、Ｅは自分が無権代理人であることを自覚
しており、すると、Ｆに過失があっても、ＦはＥに契約の履行を請求できる
はずである（117条 1 項、同条 2 項 2 号ただし書）。
　もっとも、Ｆは、Ｅが売買代金を自分の借金の弁済に充てるつもりである
ことを知っていた。（＊24）　すると、仮にＥが代理権を有していても、代理
権濫用により、Ｅの代理行為は無権代理であることになる（107条）。しかも、
この場合、Ｅの意図をＦが知っていたために、Ｅは無権代理人とされるので
あるから、ＦはＥが無権代理であることを知っていたに等しく、すると、Ｆ
はＥに117条 1 項の責任を追及できないはずである（117条 2 項 1 号）。（＊
25）　そして、Ｅに代理権が与えられていなかった事案におけるＦを、これ
以上に強く保護する理由はないから、結局、ＦはＥに117条 1 項の責任を追
及できないと考える。（＊26）
　ただし、代理権がないのに代理行為をすることは違法な行為であるから、
Ｆに損害が生じているなら、ＦはＥに損害賠償を請求することができる（709
条）。（＊27）

〔設問 2 〕（ 4 ）について
　本件建物に関する DE 間の法律関係はどうなるか。Ｄが登記を備えていな
いため、問題となる。（＊28）

30 　【第1章】総則、物権

　Dは、所有者Cから本件建物を購入したが、登記をしておらず、第三者に所有権を主張できないように思える（177条）。（＊29）　しかし、177条の「第三者」とは、登記の欠缺を主張するにつき正当な利益を有する者をいい、不法行為者や無権利者は第三者に当たらない。（＊30）　そして、Fは無権代理人Eと本件売買契約を締結したに過ぎないから、本件建物について何ら権利を有していない。したがって、Dは、無権利者Fに対し、登記がなくても所有権を主張でき（＊31）、F名義の登記の抹消を請求することができる。（＊32）

（以上、約1000字）

＊14：ここでも問題提起から始める。

＊15：原則を確認する。

＊16：法律関係の説明を求められているときには、単に「Eの代理行為の効果はCに帰属しない」という一般論だけでなく、CはFに対してどのような請求ができるか、というように具体化したほうがよかろう。

＊17：これに続けて、「他方、Fは、Cに対して、Eの代理行為を追認するか否かの催告をすることができる（114条）。」としたほうがより丁寧であろう。

＊18：表見代理が成立すれば、CF間の法律関係は変わってくるが、「表見代理は成立しないものとする」とされているので、表見代理にふれる必要はない。

＊19：CF間の法律関係については「確認」とされ、EF間の法律関係は「説明」とされている。この指示に合わせた叙述の分量にする。

＊20：ここでも問題提起から入る。

＊21：この場合、一般的な責任（＝不法行為責任〔709条〕）からではなく、特別な責任（117条1項）から検討したほうがよいであろう。

＊22：EF間の法律関係を説明する際も、Fの請求内容を具体化したほうがよい。

　なお、本件建物はCの所有物であるから、FがEに本件建物の引渡しを請求しても、Eは履行できないはずであるが、後述のとおり、117条1項は成立しないと考えられるので、履行責任の実効性について詳論する必要はなかろう。

第2問 参考答案と解説 31

＊23：問題文の「誘導」に素直に乗る。

＊24：次に、代理権濫用について検討する。

＊25：代理行為の相手方が代理人の代理権濫用を現に知っているために、代理行為が無権代理とされる場合には、いわば無権代理であることを知っていたに等しく、代理行為の相手方を強く保護する必要はないように思われる。

　　　ただし、もちろん、別の考え方もありうる。しかし、その場合も代理権濫用を知っていたことが117条1項の成否にどのような影響を与えるかについての検討は不可欠である。

＊26：最後は、バランス論で結論を導く。

＊27：Fにどのような損害が生じているかは明確でないので、この程度の記述でよい。

＊28：ここでも問題提起から始める。

＊29：問題提起の後、原則に入る。

＊30：判例理論を確認する。

＊31：判例理論を当てはめ、結論を導く。

＊32：DF間の法律関係を説明する際、やはり請求内容を具体化したほうがよい。

　　　なお、Dは、CF間の移転登記の抹消ではなく、所有権に基づき、FからDへの移転登記を求めることも考えられよう（ただし、中間省略登記に似たような状況になるので、その適否には問題もある）。

〔設問3〕（5）について〔その1：信義則説を採った場合〕

　Cが死亡した後、DF間の法律関係はどうなるか。無権代理人Eが本人Cを相続したことから、問題となる。（＊33）

　Cは、Eの無権代理行為を知らぬまま死亡しており、生前、追認も追認拒絶もしていないと考えられる。（＊34）　すると、Cを相続したEは、Cの地位に基づき、自分の無権代理行為を追認も追認拒絶もできるように思える。（＊35）　しかし、Eが自身でした無権代理行為の追認を拒絶するのは信義に反する。（＊36）　したがって、Fから求められた場合、Eは追認拒絶できず、追認したのと同じ状況になると考える。（＊37）

　すると、この場合、本件建物は、一方でDに譲渡され、他方でFにも譲渡

32 　【第1章】総則、物権

されたことになる。（＊38）　そして、FはDに先んじて移転登記を受けているので、Fが確定的な所有者とされ、Dに対して所有権を主張できる一方（＊39）、Dは無権利者となる。（＊40）（＊41）

　このように、Cの死亡という偶発的な事象により、〔設問2〕（4）と〔設問3〕（5）では、解決が異なる。（＊42）　しかし、Eに追認拒絶を認めることは信義に反するばかりか、Dは、Cが死亡する前に本件建物の登記を求めることができたのであるから（〔設問2〕（4）参照）、それを怠ったDはFに劣後してもやむを得ないと考える。（＊43）（＊44）

（以上、約500字）

　＊33：ここでも問題提起から始める。

　＊34：問題文から、まず状況を確認する。

　＊35：相続における原則を確認する。

　＊36：判例理論を確認する。もちろん、完全併存説を採ってもよく、その場合、FがEに契約の履行を請求できないと考えたとすると（〔設問2〕（3）参照）、DF間の法律関係は〔設問2〕（4）と同じになる（後注「＊44」も参照）。

　＊37：判例理論の結論を記す。

　＊38：Cが生前Eの無権代理行為を追認していた場合のことを考えると、分かりやすいであろう。

　＊39：DF間の法律関係が問われているので、ここでも、誰が誰に何を主張できるかを明確にしたほうがよい。

　＊40：2重譲渡関係において、一方の当事者が対抗要件を備えて所有権を確定的に取得した場合、他方の当事者は無権利であることが確定する。

　＊41：無権代理行為が追認された場合、その効果は契約締結時に遡って生じる（116条本文）。そのため、EF間で本件売買契約が締結された時に、その効果がCに帰属したことになる。ただし、仮に追認に遡及効がなく、追認の時から効力を生ずると考えたとしても、第2買主Fが第1買主Dよりも先に登記を備えている以上、やはりFが確定的に所有権を取得することになろう。

　　　なお、追認の遡及効については、「第三者の権利を害することはできない」（116条ただし書）とされているが、上記のとおり、仮に追認

に遡及効がないと考えたとしても、どのみち、DはFに所有権を主張できないのであるから、Dの権利が害されたとはいえまい。

＊42：出題に意図は「比較」にあるから、まず結論を確認する。

＊43：結論が何故違うのかを説明する。

＊44：なお、FはEに契約の履行を請求できない（〔設問2〕（3）参照）とした上、完全併存説を採った場合、次のような論述が考えられる。

〔設問3〕（5）について〔その2：完全併存説を採った場合〕

Cが死亡した後、DF間の法律関係はどうなるか。無権代理人Eが本人Cを相続したことから、問題となる。

Cは、Eの無権代理行為を知らぬまま死亡しており、生前、追認も追認拒絶もしていないと考えられる。すると、Cを相続したEは、Cの地位に基づき、自分の無権代理行為を追認も追認拒絶できることとなる。

もっとも、Eが自身でした無権代理行為の追認を拒絶するのは信義に反するから、Eは追認拒絶できないとの考え方もある。すると、本件建物は、一方でDに譲渡され、他方でFにも譲渡されたことになるから、Dに先んじて移転登記を受けたFが確定的な所有者となり、Dに対して所有権を主張できる一方、Dは無権利者であることになる。

しかし、Cは追認も追認拒絶もできたのであるから、Cを相続したEにも同じ権限が認められるはずである。そして、Eが追認拒絶をした場合、Dは、無権利者Fに対して、登記がなくても本件建物の所有権を主張できることとなる（〔設問2〕（4）参照）。

このように、〔設問3〕（5）の結論は〔設問2〕（4）と同じになる。Cの死亡という偶発的な事象によって、DF間の法律関係が変動するのは合理的でないから、このような帰結が適切であると考える。

（以上、約500字）

34 　【第1章】総則、物権

第3問　問　題

〔問題〕次の文章を読んで、後記の〔設問1〕、〔設問2〕及び〔設問3〕に
　　　答えなさい。

I 　【事実】
　1．2018年2月1日、Aは、自己所有の宅地（以下「本件土地」という。）
　　　を売却すべく、Bに本件土地を売却する代理権を与え、委任状（受任
　　　者名の欄には「B」と記されている。）と登記移転のために必要な書
　　　類一式をBに交付した。
　2．2018年2月20日、年度末になると仕事で忙しくなると考えたBは、C
　　　に対して「Aの代理人として、本件土地を売却してほしい」と依頼し、
　　　Aから交付を受けた委任状等の書類一式をCに渡した。Cは、BがA
　　　からあらかじめ許諾を得ていると思い、Bの依頼を受けたが、実はB
　　　はAに何も伝えていなかった。
　3．2018年3月1日、Cは、Bから受け取った委任状の受任者名を「C」
　　　と書き換えた上、Aの代理人として、Dに対して本件土地を売却して
　　　引き渡すともに、AからDへの移転登記をした。
　4．2018年3月20日、Dは、本件土地に実際に建物を建てることができる
　　　よう、整地をした。

〔設問1〕【事実】1から4までを前提として、以下の（1）及び（2）
　　　　　に答えなさい。
　（1）AD間の法律関係を説明しなさい。
　（2）DがCに対してどのような請求ができるかを説明しなさい。

II 　【事実】1から4までに加え、以下の【事実】5の経緯があった。

5．2018年 3 月25日、思いのほか、多忙とはならなかったBは、Aの代理人としてEに本件土地を売却した。ただし、Eに対する本件土地の引渡しや登記移転はされていない。

〔設問 2 〕　【事実】 1 から 5 までを前提として、以下の（3）及び（4）に答えなさい。なお、中間省略登記にふれる必要はない。
（3）Eは、Dに対して、本件土地の登記をE名義にするよう請求することができるか。
（4）仮に、2018年 4 月 1 日、AはCの代理行為を追認した、とする。この場合、DE 間の法律関係がどうなるかを説明しなさい。

Ⅲ　【事実】 1 から 5 までに加え、以下の【事実】 6 及び 7 の経緯があった。
6．2018年 4 月20日、本件土地をめぐる DE 間の紛争は、本件土地をDとEとの共有とすることで解決がされた。また、DE 間では、本件土地を分筆して 2 区画とし、東側半分をEの単独所有、西側半分をDの単独所有、とする方向で今後協議を進めることとされた。ただし、現在に至るまで、本件土地の登記はDの単独所有名義でされている。
7．2018年 6 月 1 日、Fは本件土地の東側半分を権限がないのに占有し始めた。

〔設問 3 〕　【事実】 1 から 7 までを前提として、以下の（5）に答えなさい。
（5）Eは、Fに対し、本件土地の東側半分を引き渡すよう請求することができるか。DE 間で、①本件土地の分割協議がまだ成立していない場合と、②【事実】 6 の内容ですでに分割協議が成立している場合のそれぞれについて、Eの権原にも留意しつつ、説明しなさい。

36 　【第1章】総則、物権

第3問　参考答案と解説

〔設問1〕（1）について

　AD間の法律関係はどうなるか。Cの代理行為の効果がAに帰属するかが問題となる。（＊01）（＊02）

　Aは、Bに代理権を与えているが、CがBの復代理人となることは許諾していない。（＊03）　またBは、年度末に忙しくなると考え、CにAの代理人となることを依頼しているが、これはやむを得ない事由とはいえない。（＊04）そのため、Bは復代理人を選任することができず（104条）、その結果、Cに代理権は認められないから、Cの代理行為の効果は原則としてAに帰属しない。（＊05）　したがって、AはDに対して本件土地の引渡しとAD間の移転登記の抹消を求めることができる。（＊06）

　では、表見代理は成立しないのか。CがDにAの委任状を提示しているため、問題となる。（＊07）

　しかし、Aは、Bに受任者名を「B」と明記した委任状を渡しており、これを「C」と書き換えたのはCであって、Aではない。したがって、AがCを代理人とする旨の代理権授与の表示をしたとはいえず、109条は成立しない。（＊08）　また、AはCに全く代理権を与えていないので、110条も成立しない。（＊09）　そのため、表見代理は成立しない。

　では、このとき、DはAに何か請求できないか。Dが本件土地を整地しており、問題となる。（＊10）

　本件土地は宅地であり、建物が建築可能となるよう整地するのは必須であるから、そのための費用は必要費といえる。（＊11）　したがって、DはAに対して必要費の償還を請求することができる（196条1項本文）。（＊12）（＊13）

〔設問1〕（2）について

　DはCに対してどのような請求ができるか。Cに代理権がなかったことか

ら、問題となる。（＊14）

　まず、ＤはＣに無権代理人の責任（117条１項）を追及することが考えられる。Ｃは代理権がないのに、代理行為をしたからである。（＊15）　もっとも、ＣはＢがＡからあらかじめ許諾を受けたと思っており、自身に代理権がないことを自覚していない。（＊16）　したがって、ＤがＣに117条１項の責任を追及するには、ＤがＣをＡの代理人と信じ、かつ、信じたことに過失がなかったことが要件とされる（117条２項１－２号）。（＊17）

　次に、ＤはＣに不法行為責任（709条）を追及することも考えられる。代理権がないのに、代理行為をするのは違法だからである。（＊18）　もっとも、不法行為が成立するには、Ｃが自分に代理権があると信じたことに過失があることが要件とされる。他方、Ｃに過失が認められる場合には、Ｄに過失があったとしても、709条責任は成立する。（＊19）

（以上、約1000字）

＊01：まず問題提起から始める。

＊02：「○×間の<u>法律関係</u>」の説明を求められているときには、（ａ）○の×に対する請求と（ｂ）×の○に対する請求というように、請求を具体化して検討すると分析しやすい。

＊03：Ｃが復代理人であることについて、より詳しく説明してもよい。

＊04：問題文の事情を上げて、評価をする。

＊05：まず原則を記す。

＊06：ＡがＤに対してどのような請求ができるかを記す（前注「＊02」参照）。

＊07：原則に続いて例外に移るが、ここでも問題提起から始める。

＊08：ＣがＤにＡの委任状を提示しているので、109条は検討したほうがよい。

＊09：問題文からして、110条の検討は「必須」ではない。さらに、112条まで検討するのは、問題文から推して、少しやり過ぎであろう。

＊10：次に、ＤのＡに対する請求を検討する（前注「＊02」参照）。

＊11：理由づけさえしていれば、有益費と評価してもよい。

＊12：問題文からして、この程度の記述でよい（仮にもっと詳しく論じてほしいなら、問題文により詳細な事情が記されているはずである）。

＊13：Ｄが果実を取得している場合、ＤはＡに対して「通常の」必要費の償

38 　【第1章】総則、物権

還を請求することはできない（196条1項ただし書）。しかし、Dは果
実を取得しておらず、またDの自己使用の利益（＝使用利益）を果実
と同じに扱ったとしても（ただし、Dに自己使用の利益が認められる
かは疑わしい）、整地のための費用は必要費ではあるものの、「通常
の」必要費とはいえず、やはりDはAに対して償還請求することがで
きる。なぜなら、整地のための費用とは1回限りの「特別な」もので
あり、「通常の」必要費とはいえないからである（建物の屋根が台風
で飛ばされたとして、その修理のための費用は「必要費」であるが、
「通常の」必要費ではない）。「通常の」必要費とは果実や使用利益に
見合うものを指しており、仮に整地のための費用が「通常の」必要費
で、Dの償還請求が認められないとすると、AはDの負担において整
地されたより価値の高い土地を手にすることとなり、アンバランスで
あろう。

＊14：ここでも問題提起から始める。

＊15：自明であるが、一言あったほうがよかろう。

＊16：問題文の事実から評価を導く。

＊17：特に117条2項2号ただし書に注意。

＊18：ここでも簡単な理由づけがあったほうがよかろう。

＊19：709条責任を論ずる際には、117条責任との違いを明確にしたほうがよ
い。

〔設問2〕（3）について

　Eは、Dに対して本件土地の移転登記を求めることができるか。本件土地
の所有権の帰属が問題となる。（＊20）

　BはAから本件土地を売却する代理権を与えられており（＊21）、BがC
を復代理人として選任しても、Bの代理権が消滅するわけではない。（＊22）
すると、Bの代理行為の効果はAに帰属し、本件土地の所有権はAからEに
移転する。（＊23）

　もっとも、AからEへの移転登記はされておらず、EはDに本件土地の所
有権を主張できないかのようである。（＊24）　しかし、Dは無権代理人Cと
契約をしたに過ぎず、Cの代理行為の効果はAに帰属しないから、Dは全く
の無権利者である（〔設問1〕（1）参照）。そして、177条の「第三者」とは、

登記の欠缺を主張するについて正当な利益を有する者であり、無権利者はこれに当たらない。（＊25）　したがって、Dは177条の「第三者」ではないから、Eは登記がなくても、Dに所有権を主張することができ、その結果、E名義の登記にするよう求めることができる。（＊26）

〔設問2〕（4）について

　Bが代理行為をした後、仮にAがCの代理行為を追認したとすると、DE間の法律関係はどうなるか。追認の効力が問題となる。（＊27）

　本人が無権代理行為を追認した場合、追認は契約の時に遡って効力を生じる（116条本文）。（＊28）　したがって、Cの代理行為は最初から有効であったことになり、代理行為と同時にAD間で移転登記がされているから、Bが代理行為をしたときには、Aはすでに無権利者であり、そのため、Bの代理行為によってCが本件土地の所有権を取得することはないはずである。（＊29）

　もっとも、追認は第三者の権利を害することができず（116条ただし書）、追認に先立ち本件土地の所有権を取得したEはこの「第三者」に当たるかのようである。（＊30）　しかし、116条ただし書は、追認の遡及効から第三者を保護する規定である。そして、仮にAの追認に遡及効が認められなかったとしても、追認がされた時点でDE間は2重譲渡関係となり、登記を備えたDはEに所有権を主張できるはずであるから、EがDに所有権を主張できないのは追認の遡及効によるものではないと考えられる。（＊31）　そのため、追認の遡及効によって不利益を受けるとはいえないEは116条ただし書の「第三者」とはいえず（＊32）、したがって、DはEに本件土地の所有権を主張できると考える。（＊33）（＊34）

（以上、約1000字）

　＊20：ここでも問題提起から始める。

　＊21：問題文から事実を確認する。

　＊22：「基礎」、「基本」である。

　＊23：これも「基礎」、「基本」である。

40 　【第1章】総則、物権

＊24：これは177条に関する問題提起である。

＊25：判例通説である。

＊26：物権的登記請求権である。

＊27：まず問題提起から始める。

＊28：問題提起に続き、規範を記す。

＊29：追認に遡及効を認めるなら、このようになるはずだが（ただし、追認に遡及効を認めつつ、対抗力には遡及効を認めない、との考え方も論理的にはありうる）、仮に追認に遡及効を認めなかったとしても、Bの代理行為によって本件土地の所有権はAからEに移転する一方、Cの代理行為の追認により、追認の時点で本件土地の所有権はAからDにも移転し、結果として、DE間は2重譲渡関係となり、その上で、登記を備えているのはDであるから、Aの追認がされた時点から、DはEに所有権を主張できることになる。

　　要するに、本問の場合、追認に遡及効を認めようと認めまいと、本件土地の所有権がDに帰属するとの結論は同じであり、ただし、この結論を導く論理が、遡及効を認めるか認めないかによって、若干異なることになる。

＊30：ここも問題提起である。

＊31：前注「＊29」参照。

＊32：もちろん、Eを116条ただし書の「第三者」とする考え方もありうる。しかし、たとえそのように考えたとしても、Eは対抗要件を備えていないから、たとえば仮にAD間の移転登記がBの代理行為の後にされた場合、移転登記前のDE間の関係は2重譲渡関係であり、その後、Dへの移転登記がされた以上、やはりDはEに本件土地の所有権を主張することができる。つまり、仮にEを116条ただし書の「第三者」と解しても、その第三者の法的地位とは「対抗要件を備えていない以上、他の譲受人が現れ、そして、その者が対抗要件を備えた場合には、権利主張することができない」といった程度の地位であることになる。したがって、たとえEを116条ただし書の「第三者」と解したとしても、やはりDはEに所有権を主張することができ、「Eは『第三者』であるものの、Eのこのような法的地位に鑑みるなら、DがEに所有権を主張できるとしても、それはEを害することを意味するものではない」との解釈が採られることとなろう。

第3問　参考答案と解説　　41

＊33：116条ただし書は「初見」の問題であろう（詳しい教科書でも、簡単
　　　に結論だけが記されている）。しかし、たとえば96条3項を想起すれば、
　　　「第三者」の意義はある程度推測がつくはずであり、その上で「取消
　　　し後の第三者」の議論を思い起こせばよい（他方、前注「＊32」はや
　　　や高度な議論である）。
＊34：116条ただし書の検討は「必須」である。そして、Eが「第三者」に
　　　当たるか否かについては、いずれの見解を採ってもよく（参考答案と
　　　前注「＊32」を対比）、またいずれの見解によっても結論は同じである。

〔設問3〕（5）について

　EはFに対して本件土地の東側半分の引渡しを請求することができるか。
本件土地の所有権の帰属が問題となる。（＊35）
　まず、DE間の約定により本件土地は共有とされたが、まだ分割協議が成
立していない場合（①）、Eは本件土地の共有持分を有している。（＊36）
そして、共有者Eは共有物の全部を使用できる一方（249条1項）（＊37）、
Fは占有権原を有しない不法占拠者であるから、Eは、保存行為として、F
に対して単独でその占有部分の引渡しを求めることができる（252条5項）。
（＊38）　確かにEは登記をしていないが、不法占拠者であるFは177条の「第
三者」に当たらないから、Eは登記がなくてもFに対して共有持分権を主張
することができる。（＊39）
　次に、DE間で分割協議がすでに成立していた場合（②）、Eは本件土地
の東側半分の所有者であることになる。（＊40）　したがって、Eは所有権に
基づきFにその部分の引渡しを求めることができる。Eは登記を具備してい
ないが、Fは177条の「第三者」に当たらず、Eは登記がなくてもFに対し
て所有権を主張できる。（＊41）
　このように、①では共有持分に基づく保存行為として、また②では所有権
に基づき、それぞれEはFに占有部分の引渡しを請求することができる。
（＊42）（＊43）

（以上、約500字）

42 【第1章】総則、物権

＊35：まずここでも問題提起から始める。

＊36：①の法律関係を確認する。

＊37：単に「保存行為」とするよりも、共有者は共有物の全部を使用できる
ことを念押ししたほうが自身の理解度を示すことができよう。

＊38：「保存行為」の意義について詳述してもよいが、問題はそのような時
間的余裕があるかどうかである。

＊39：「基礎」、「基本」である。

＊40：②の法律関係を確認する。

＊41：前注「＊39」と同じ。

＊42：問題文に「Ｅの権原にも留意しつつ」とあるので、このようなまとめ
があったほうがよかろう。

＊43：このほか、占有の訴え（①の場合は198条、②の場合は200条）も考え
られるが、Ｅが本件土地を占有していたかどうかは判然とせず、した
がって、ここが中心的な論点でないことは明らかであろう（ただし、
もちろん、付随的にふれる程度ならよい）。

第4問　問　題

[問題] 次の文章を読んで、後記の〔設問1〕及び〔設問2〕に答えなさい。

I　【事実】

1．Aが自己所有の掘削機械（以下「本件機械」という。）を自分の敷地内に置いていたところ、2015年4月1日の夜、本件機械は盗まれた。

2．その後、経路は不明であるものの、本件機械は数次の取引を経て、2015年7月1日、Bが入手した。

3．2015年8月1日、Bは本件機械を自分の所有物として代金1000万円でCに売却して引き渡した。CはBが本件機械の所有者であると信じ、かつ、そのように信じたことに過失はなかった。

　　本件機械はCが買い受けた時点でその間の使用により一部の部品が損耗していたので、同日、Cは50万円かけて部品交換を行った上、工事現場で本件機械を使い始めた。

4．2015年10月1日、AはCが本件機械を使用していることを知り、Cに返還を求めた。CはAの説明によって本件機械が盗まれたものであることをはじめて知ったが、すでにBに代金を支払っており、返還することはできない、と主張した。AとCの主張は、それぞれ次のとおりである。

　　a）Aの主張：Cに対して本件機械の返還を求める。また、本件機械の賃料相当額は月額30万円であるから、2015年8月1日から現在（同年10月31日）までの賃料相当額90万円を請求する。

　　β）Cの反論：CはBを所有者と信じ、かつ、信じたことに過失はないので、本件機械の返還請求には応じられない。仮に、本件機械を返還しなければならないとしても、2015年10月1日までCはそのことを知らなかったから、A

44 【第1章】総則、物権

に賃料相当額を支払わねばならない理由はなく、それ
以降の分についても、Bに代金を支払っている以上、
Aに賃料相当額を支払うつもりはない。

また、仮に本件機械を返還しなければならない場合、
部品の交換費用50万円をAに請求する。

γ）Aの反論：本件機械の部品が損耗していたのはAのあずかり知ら
ぬところであり、また実際に本件機械を使っていたC
に部品の交換費用を支払うつもりはない。

〔設問1〕【事実】1から4までを前提として、以下の（1）に答えな
さい。
（1）①AのCに対する本件機械の返還請求、②AのCに対する賃料
相当額の請求、及び、③CのAに対する部品の交換費用の請求
の当否について、（a）Bが中古機械の販売業者であった場合と
（b）Bがそのような業者ではなかった場合とに分けて説明しな
さい。

Ⅱ　【事実】1から4までに加え、以下の【事実】5から7までの経緯が
あった。

5．本件機械をめぐるAC間の紛争は、AとCが互いに譲歩し解決した。

6．2017年3月1日、Aは自己所有の建物（以下「本件建物」という。）
を売却する代理権をDに授与すると言い、Dにその旨の委任状を交付
した。しかし、実際にはAに本件建物を売るつもりはなく、Dに代理
権を与えると言ったのも委任状を渡したのも、いずれも戯れ言であっ
た。

7．2017年5月1日、Aの虚言を真に受けたDは、Aの委任状をEに提示
し、Aの代理人として、Eと本件建物の売買契約を締結した。そこで、
EがAに対して本件建物の引渡しを求めたところ、AはDに代理権を
与えると言ったのも委任状を渡したのも単なる戯れであったとして、
Eの引渡請求を拒んだ。

〔設問2〕 【事実】1から7までを前提として、以下の（2）に答えなさい。
（2）本件建物の引渡請求を根拠づけるためにEが用いるであろう法律構成を複数挙げた上、それぞれの法律構成について、Aの真意に関するDの主観的態様のみならず、Eの主観的態様にも留意しつつ、Eの引渡請求の可否を説明しなさい。

46 【第1章】総則、物権

第4問　参考答案と解説

〔設問1〕（1）について

　AはCに対して本件機械の返還を請求できるか（①）。本件機械の所有権の帰属が問題となる。（＊01）

　本件機械はAの所有物であり、盗難により所有権が移転することはない。したがって、AはCに返還請求できるのが原則である。（＊02）

　では、Cが本件機械の所有権を取得することはないか。本件機械が盗品であることから問題となる。（＊03）　確かにCはBから本件機械を購入して平穏かつ公然と現実の引渡しを受け、かつ、Bを本件機械の所有者と信じ、信じたことに過失もない。そのため、即時取得（192条）が成立するかのようである。（＊04）　しかし、盗品の場合、被害者は、盗難の時から2年間、占有者に回復請求することができ（193条）、本件機械は盗まれてから半年しか経っていない。したがって、AはCに本件機械の返還を請求できる。（＊05）ただし、Bが中古機械の販売業者であった場合、Aが返還請求するには、CがBに支払った1000万円をCに弁償しなければならない（194条）。

　このように、AはCに本件機械の返還を請求でき、（a）の場合、AはCに代価弁償をしなければならないが、（b）の場合、代価弁償する必要はない。（＊06）

　次に、AはCに本件機械の賃料相当額を請求できるか（②）。使用利益の帰属が問題となる。（＊07）

　Cは、Bを所有者と信じ、信じたことに過失はなかったから、2015年8月1日から同年9月末日まで過失なく自身を本件機械の所有者と信じていたといえる。（＊08）　そして、善意の占有者には果実の取得権が認められるところ（189条1項）、自己使用の利益も、目的物の利用に基づく利益という意味では、果実と変わりないから（＊09）、使用利益はCに帰属し、その結果、（a）においても（b）においても、AはCに上記2か月分の賃料相当額を請求することはできない。（＊10）

第4問　参考答案と解説　　47

　では、同年10月分の賃料相当額はどうか。Cが本件機械が盗品であること
を知ったことから問題となる。（＊11）

　2015年10月1日以降、Cは自身が所有者でないことを知りつつ、本件機械
を使用しており、AはCに同月分の賃料相当額を請求できるのが原則である。
（＊12）　ただし、Bが中古機械の販売業者であった場合、Aは代価弁償をし
なければCに本件機械の返還を請求できない（194条）。そして、この代価に
利息を付す必要はなく、にもかかわらず、AがCに使用利益を請求できると
するのは不均衡である。（＊13）　したがって、（b）の場合には、AはCに
10月分の賃料相当額を請求できるが、（a）の場合には、10月分の賃料相当
額も請求できない。（＊14）（＊15）

　他方、CはAに部品の交換費用を請求できるか（③）。（＊16）　損耗によ
る部品交換は通常の使用に基づくものといえるから、通常の必要費であり
（＊17）、すると、占有者Cは所有者Aに必要費の償還を請求できるように見
える（196条1項本文）。しかし、上述のとおり、Cは少なくとも2か月間は
本件機械を対価なしに使用できるのであり、使用利益は果実と比肩しうるか
ら、Cの償還請求は認められない（同項ただし書）。確かに本件機械の損耗
はCの使用によるものではない。しかし、Cは使用利益を取得し、またCの
使用により一定程度損耗していることもありうるから、Cが通常の必要費を
負担しても不均衡とはいえない。（＊18）

（以上、約1300字）

＊01：まず問題提起から始める。

＊02：次に、原則を確認する。

＊03：続いて例外について検討するが、ここでも問題提起から始める。

＊04：即時取得の要件を挙げる。ただし、中心的な論点ではないので、簡単
　　　でよい。

＊05：時間的な余裕があれば、193条の回復請求権の法的性質にふれてもよい。

＊06：最後にまとめたほうが明晰であろう。

＊07：ここでも問題提起から始める。

＊08：事実から評価を導く。

＊09：Cが本件機械を第三者に賃貸していた場合、その賃料は（法定）果実に当たるが、Cは本件機械を自分で使用しており、果実を得ているわけではない。つまり、「使用利益」は「果実」ではないのであって、この点を誤解していないことを明確に表現したほうがよい。

　とはいえ、189条1項においては、使用利益は果実と同じに扱われるので、CはAに2015年9月末日までの使用利益を返還する必要はない（時間的な余裕があれば、使用利益を果実と同じに扱う理由を述べたほうがよい）。

＊10：（a）の場合、仮にCが悪意であっても代価弁償の提供を受けるまでの間の使用利益を返還する必要はないから（後注「＊13」参照）、このことからも同じ結論を導くことができる。

＊11：ここでもまず問題提起をする。

＊12：その根拠は、不当利得（703-704条）ないし不法行為（709条）であるが、常識的な事柄であり、特に詳しく説明する必要はない。

＊13：最判平成12年6月27日民集54巻5号1737頁参照。代表的で典型的な理由づけをすればよい。

＊14：ここでも最後にまとめておいたほうがよい。

＊15：（a）の場合、8月分及び9月分の賃料相当額については、189条1項からも194条の解釈（前注「＊13」）からも、同じ結論を導くことができる。もし時間的余裕があれば、念のため、このことを確認してもよい。

＊16：ここでも簡単な問題提起から始める。

＊17：交換費用の性質決定をまず行う。その際、196条1項ただし書を意識し、単に「必要費」とするのではなく、「通常の必要費」としたほうがよい。

＊18：この最後の理由づけはやや高度なものであり、現時点ではなくてもよい。

〔設問2〕（2）について

　本件建物の引渡請求を根拠づけるため、Eはどのような法律構成を採りうるか。（＊19）　次の2つが考えられる。

　第1は、Dを有権代理とする構成である。すなわち、Aは、Dに対して本件建物を売却する代理権を与える旨の意思表示をしたが、それは真意ではな

かった。したがって、Ａの意思表示は心裡留保であるが、Ｄはこれを真に受けており、仮にＤがＡの真意を知りえなかった場合、Ａの意思表示は有効とされる（93条１項本文）。またＤがＡの真意を知りえた場合、Ａの意思表示は無効であるが（同項ただし書）、Ｅは、ＡＤ間の代理権授与を前提としてＤとの取引関係に入った者であるから、93条２項の「第三者」に当たり（＊20）、ＥがＡの真意を知らない場合には、ＡはＤに対する意思表示の無効をＥに主張することができない。すると、これらの場合、Ｄの代理行為の効果はＡに帰属することになる。

では、Ｄが善意無過失であれば、Ｅの主観を問うことなく、またＤに過失があるとき、Ｅが善意であれば、ＥはＡに対して本当に本件建物の引渡しを請求できるのか。（＊21）　Ｄが代理人であり、本件建物の所有権を取得する等の独自の利益を有する者でないことから、問題となる。

仮にＡがＤに本件建物を売却し、ＤがＥに転売した場合、ＤがＡの真意について善意無過失であれば、Ｅの主観を問うことなく、Ｅは所有権を取得する。こうしないと、Ｄの所有権取得を否定することになりかねないからである。（＊22）　しかし、本問においてＤは代理人であり、本件建物の所有権はＡからＥに直接移転し、Ｄが所有権を取得することはない。のみならず、Ｄの代理行為の効果はＡＥ間に帰属し、契約の当事者はＡとＥであるから、Ａの真意をＥが知り、または知りうる場合、93条１項ただし書とのバランスからして、Ｅに所有権取得を認める必要はない。（＊23）　したがって、ＥがＡに本件建物の引渡請求できるのは、結局、Ｄの主観の如何にかかわらず、ＥがＡの真意を知らず、かつ、知りえなかった場合に限られると考える。（＊24）

次に、Ｅの引渡請求を根拠づける第２の法律構成は、Ｄを無権代理とした上、表見代理の成立を認める考え方である。すなわち、ＡはＤに代理権を与えるつもりもないのに、委任状を渡し、Ｄはこれを提示してＥと売買契約を締結しているから、ＡのＥに対する代理権授与の表示が認められる（109条１項）。（＊25）　すると、ＤがＡの代理人であるとＥが信じ、かつ、信じたことに過失がなければ、ＥはＡに本件建物の引渡しを請求できることになる。（＊26）

（以上、約1050字）

50 　【第1章】総則、物権

＊19：ここでも問題提起から始める。

＊20：「第三者」の定義を挙げ、当てはめをする。その際、このような形で手短にまとめることも考えられる。

＊21：これまでの分析結果をまとめた上で、問題提起をする。

＊22：「第三者」と「転得者」に関する絶対的構成（94条2項）と同じ理屈である。

＊23：93条1項ただし書の「類推」適用とされよう。もっとも、この類推適用はかなり高度であり、現時点では分からなくてよい。

　　　むしろ、代理に関する条文化されていない事項として現時点で理解すべきは、代理人が相手方をだまして意思表示をさせた場合、101条には当たらないものの、代理行為の効果が本人に帰属することから、本人が代理人の詐欺につき善意無過失であっても、相手方は意思表示を取り消すことができる（つまり、代理人は96条2項の「第三者」とはされない）ことである。

＊24：最後に結論を記す。

＊25：代理権授与の表示について確認する。

＊26：代理権授与の表示という「観念の通知」にも、性質の許す限り、意思表示の規定が類推適用される。すると、AのEに対する代理権授与の表示は心裡留保によるものであるから、その効力が認められるためにはEの善意無過失が要求されるが、実はこれは109条1項における善意無過失と重複する。そのため、この点について特に言及する必要はないが、時間的な余裕があれば、ふれてもよい。

　　　なお、これと関連する問題として、以下の【参考問題】を参照。

【参考問題】

　某国立大学の法学部生であった甲は、3度目のチャレンジでようやく旧司法試験の論文式試験を突破し、口述式試験へと駒を進めた。そして、試験当日、民法の**試験官**から次のような問題が出され、以下のやりとりがされた。

試験官：109条は有権代理の規定ですか、それとも無権代理に関する規定ですか。

甲　　：通説によれば、無権代理の規定であるとされています。

試験官：無権代理なのに、何故、本人が責任を負うのですか。

甲　　：109条は本人の帰責性に着目した表見代理の規定で、取引の安全を図るため、帰責性ある本人よりも善意無過失の相手方を保護しているからです。

試験官：そうであるとすると、取引安全を保護するための表見代理というのは、制度目的の点では、いわゆる表見法理と共通するところがあるように思いますが、表見法理について説明してください。

甲　　：真の権利者が、自分以外の者が権利者であるかのような外観を作出していた場合、それを信頼した第三者は保護されるべきであり、自らその外観を作った権利者は権利を失ってもやむを得ない、という法理のことです。

試験官：109条よりも前のほうに、そのような趣旨の規定はありますか。

甲　　：94条2項がそれに当たります。

試験官：その場合、第三者の保護要件は何ですか。

甲　　：善意です。学説では無過失まで要求する見解も有力ですが、判例通説は善意で足りるとしています。

試験官：109条は善意無過失なのに、何故、94条のほうは善意だけなのですか。

甲　　：……（答えられず、しばらく沈黙。）

試験官：これは本にも出ていない話で、みんなも分からなかった問題ですから、心配しなくていいですよ。よく考えるように、という趣旨で出しただけです。

＊出典：早稲田セミナー（編）『口述過去問集 民法（平成元－9年）』（1998年）75-76頁参照。なお、同書には上記のような会話のみ記され、解説は付されていない。

その後、甲は無事に口述式試験に合格し、現在、実務法曹として活躍しているが、上記の問題が頭を離れない。確かに94条2項でも善意無過失まで要求する有力な見解があるから、無過失まで要求すべきでないことを論理必然

52 【第1章】総則、物権

的に論証することはできないが、94条2項では善意のみを、他方、109条では無過失まで要求している通説的見解にも応分の理由があるはずで、これほどに簡単な論拠から覆されてしまうようにも思えない。

〔問題〕 仮に通説的見解を支持するとして、**甲**は上記の**試験官**の質問に対し、どのように答えればよかったのであろうか。109条の想定する状況を思い起こした上、同条と比較されるべき規定は何か、という観点から考えなさい。

〔解説〕 そもそも109条と構造が同じなのは、94条2項ではなく、93条である。なぜなら、代理権授与の表示は、本人（＝A）の、相手方（＝C）に対する表示だからである（本人〔＝A〕の、代理人〔＝B〕に対する表示ではないことに注意）。つまり、この場合、Aが責任を負う根拠は、AB間で虚偽の外観を作出したことではなく、AがCに**直接**誤った事実を伝えたことにある。そして、93条では、相手方の善意無過失が要求されており（同条1項ただし書）、したがって、立法論としてはさておき、実際には109条と平仄が合っているのである。

コラム1　53

●コラム１：面子丸つぶれ

１．2020年11月８日、ある学部１年生の方から以下の質問メールをいただいた。

池田先生

　北海道大学１年の○○と申します。突然のメールで大変失礼いたします。

　先日、行政書士試験を受験したのですが、その中で分からない設問があり、どうしても気になっております。独学で勉強しておりまして、誰かに教えていただくことができず、もしかしたらご回答いただけるのではないかと思い、ご連絡申し上げた次第です。ご迷惑なこととは承知しておりますが、もしよろしければご教授くださると幸いです。

〔設問〕

　Ａは、Ｂとの間で、Ａ所有の甲土地をＢに売却する旨の契約（以下、「本件契約」）を締結したが、Ａが本件契約を締結するに至ったのは、平素からＡに恨みを持っているＣが、Ａに対し、甲土地の地中には戦時中の軍隊によって爆弾が埋められており、いつ爆発するか分からないといった嘘の事実を述べたことによる。Ａは、その爆弾が埋められている事実をＢに伝えたうえで、甲土地を時価の２分の１程度で売却した。売買から１年後に、Ｃに騙されたことを知ったＡは、本件契約に係る意思表示を取り消すことができるか。民法の規定に照らし、40字程度で記述しなさい。なお、記述に当たっては、「本件契約に係るＡの意思表示」を「契約」と表記すること。

〔私の解答〕

　Ｂに対し契約の原因となる事実が明示されているため、Ａは動機錯誤を理由に取り消せる。

　ネット上に上がっております大手予備校等の解答速報は、みな「Ｃの詐欺についてＢが善意無過失か」という点に注目しているのですが、このような事案において動機錯誤を理由とすることはできないのでしょうか。

　大変恐縮ではありますが、教えていただけると幸いです。

2．池田の返信（同月9日）

○○様

　初めてメールさせていただきます。民法を担当しております池田です。ご質問、確かに頂戴いたしました。しかし、現在、研究科長という「激職」にあり、とても「時間」がありません。私への質問は今回限りとし、以後は別の先生にお願いできるならと存じます。

　さて、問題となっております事案を、改正前法で考えるなら、いわゆる「広義の動機の錯誤」であり（つまり、「表示の錯誤」ではない）、当該状況が目的物の価格に反映されておりますので、「広義の動機の錯誤」の中でもいわゆる「性状の錯誤」と解するのが素直なように感じます。すると、ご指摘のとおり、「表示」の有無が問題となり、本件の場合、ＡはＢに事情を説明（＝表示）しておりますので、Ａは無効を主張できるように思います。

　次に、改正法で考えますと、95条1項2号の「法律行為の基礎とした事情」に当たるか否かが問題となりますが、価格に反映されておりますので、これに当たり、かつ、「法律行為の基礎とされていることが表示されていた」との事情も肯定できるように思います（改正法の下では、「動機の錯誤」という表現は避けたほうが賢明であるように思います）。

　もっとも、これはあくまで「爆弾が埋まっているから、そのことを理由として値段を半額にした」と問題文を読んだ場合の解釈で、問題文をそのように解釈してよいかどうかは1つの問題となります（他に半額にすべき事情が記されていない以上、個人的には、そのように読むのが素直なように感じます）。

　他方、法律学の答案を書く際には、「出題趣旨」（つまり、何が問われているか）が常に問題となります。それ自体としては、たとえ正しくとも、「そんなことは尋ねていない」ということはありえますし、その場合、高い評価を受けることはできません。今回いただいた問題文では、わざわざＣを登場させた上、「嘘の事実」とか「騙された」という言葉遣いをしており、これは明らかに「第三者の詐欺について論ぜよ」というサインです。そのため、当然、96条2項にふれなければならないように思います（少なくとも、出題者の主観的な意図としては、これが「出題趣旨」であるように思います）。

　そのため、確かにＡの錯誤取消しが可能であるなら、Ｃの詐欺についてのＢの主観的態様を問われないはずですが、詐欺について全くふれないのは「出題趣旨」に適っていないように感じます。

　以上のとおりです。しっかり勉強なさっているようで、何よりです。期待し

ています。引き続き、頑張ってください。

3．学生の方からの返信（同日）

池田先生

　この度は、急な問い合わせにもかかわらず、丁寧にご回答いただき、誠にありがとうございます。

　全くの勉強不足で、「性状の錯誤」と「動機の錯誤」が同義なものであると思っておりました。基礎からしっかり勉強したいと思います。

　お忙しい中、返信くださり感謝申し上げます。

4．行政書士試験の「正解例」（2021年1月27日）

「Bが詐欺の事実を知り又は知ることができたときに限り、Aは、契約を取り消すことができる。」（43字）（傍点筆者）

5．池田「……」（面子丸つぶれ）

6．備考

（1）仮に、上記4の正解例を維持するのであれば、問題文の「Aは、その爆弾が埋められている事実をBに伝えたうえで、甲土地を時価の2分の1程度で売却した」との箇所を「Aは、Bにそのことを告げずに、甲土地を2分の1程度で売却した」とする方法が考えられよう。

（2）仮に、問題文を維持するのであれば、「Aによる詐欺に基づく契約の取消しは、BがCの詐欺を知り又は知りえたときに限られる。」（41字）とするのがエレガントであろう。

【第 2 章】

契約、債権総論（債務不履行等）

58　【第2章】契約、債権総論（債務不履行等）

第5問　問　題

［問題］次の文章を読んで、後記の〔設問1〕及び〔設問2〕に答えなさい。

I　【事実】
1．2014年4月1日、AはBに建物の建築を依頼し、AB間で請負契約（以下「本件請負契約」という。）が締結された。本件請負契約では、次のように定められていた。
　　　　①建築資材はBが調達する。
　　　　②Bは、2014年8月31日までに建物を完成し、Aに引き渡す。
　　　　③Aは建物の引渡しと同時に、Bに請負代金（5000万円）を支払う。
2．2014年4月10日、Bは工事に取りかかり、同年5月31日には、予定のとおり、基礎工事と骨組みを終え（以下この構造物を「本件建前」という。）、外壁工事と屋根の取付工事が残されていた。同日時点での工事の進捗率は60％であり、使用された資材や要した労務もちょうど60％であった。
3．しかし、2014年6月1日以降、Bは、作業員や建設機械の調達がうまく行かず、それ以上工事を進めることができなくなった。同年7月1日以降、Aは、Bに対して何度も工事を続行するように求めたが、Bはもう少し待ってほしいと言うばかりで、埒が明かなかった。

〔設問1〕【事実】1から3までを前提として、以下の（1）に答えなさい。
　（1）2014年8月1日、Aは、このままでは予定の期日までに建物が完成する見込みがないので、別の業者に残りの工事をさせるため、本件請負契約を解除する意思表示をした、とする。
　　①Aによる本件請負契約の解除は認められるか。

②仮に、Aの解除が認められたとすると、本件建前の所有権の帰属を含め、AB間の法律関係はどうなるか。

Ⅱ 【事実】1から3までに加え、以下の【事実】4から8までの経緯があった。

4. 2014年8月1日、AB間では、AがBに3000万円支払って、本件請負契約を解消することで話がまとまり、同日、AはBに3000万円支払った。

   なお、AB間では、Aが本件建前を所有することとされた。

5. 2014年8月10日、Aは別の業者に残りの工事をさせることとし、同年9月10日、建物（以下「本件建物」という。）が完成した。

6. 2014年9月15日、Aは、本件建物について、A名義の保存登記をした。

7. 2014年9月30日、Aは、本件建物を実際にはCに売却していないのに、Cの了解のもと、AC間の虚偽の売買契約書を作成し、これに基づいてAからCへの移転登記がされた。

8. 2014年11月1日、CはAに無断で、Dに本件建物を賃貸して引き渡した（以下「本件賃貸借契約」という。）。本件賃貸借契約を締結する際、DはCが本件建物の所有者であると信じていた。

〔設問2〕【事実】1から8までを前提として、以下の（2）に答えなさい。

（2）③CD間の法律関係を確認した上、AがDに対して本件建物の引渡しを請求できるか否かを説明しなさい。

④仮に、AがDに対して本件建物の引渡しを請求できない場合、Aとしては、Dに対して賃料（本件賃貸借契約で約定された額）を請求したいと考えている。（α）このAの請求を根拠づけるために、Aがするであろう主張の内容、及び、（β）AがDに対して賃料を請求するために求められるであろう要件を説明しなさい。

60 　【第2章】契約、債権総論（債務不履行等）

第5問　参考答案と解説

〔設問1〕（1）①について

　Ａは、本件請負契約を解除することができるか。Ｂに債務不履行があったか否かが問題となる。（＊01）

　本件請負契約に基づき、ＢはＡに対して8月31日までに建物を完成させ、それを引き渡す義務を負う。（＊02）　そして、まだ8月31日にはなっていないから、Ｂに債務不履行はないように見える。（＊03）

　しかし、建物の建築には一定の期間を要するから、Ｂは適切な時期に工事を始め、これを継続する義務を負う。（＊04）　にもかかわらず、Ｂは途中で工事を中止しており、Ｂには履行遅滞が認められる。（＊05）　そして、Ａが催告したのに、Ｂはその後も工事を再開していない。（＊06）　したがって、Ａの解除は認められる（541条）。（＊07）（＊08）

（以上、約300字）

＊01：まず問題提起から始める。

＊02：請負契約における請負人の義務を確認する。

＊03：義務違反（＝債務不履行）の存否を確認する。なお、Ｂはもう少し待ってほしいと言っており、「履行を拒絶する意思を明確に表示した」（542条1項2号）とまではいえないであろう。

＊04：〔設問1〕（1）で問題とされるべき請負人の義務を確認する。

＊05：工事を継続すべき義務との関係では、工事の中止は履行遅滞に当たる。

＊06：催告による解除の要件（債権者による催告＋債務者のさらなる不履行）の当てはめをする。

＊07：〔設問1〕（1）①の解答は、直感的に導くことができる。そのため、このような問題は、記述の仕方で出来不出来が決まることとなろう。

＊08：Ａとしては、仕事の完成前であるので、本件請負契約を641条に基づき解除することもできる。しかし、そうなると、ＡはＢに対して損害

賠償をしなければならない（その額は「5000万円 − 節約できた材料費」となろう）。しかし、解除の原因がBの債務不履行にある以上、損害賠償責任を負うべきはAではなく、Bである（Bには帰責事由も認められる）。すると、641条に基づく解除はAにとって適切な手段ではないことになる。

〔設問1〕（1）②について

Aの解除が認められた場合、AB間の法律関係はどうなるか。解除の効果が問題となる。（＊09）

解除には遡及効が認められ、各当事者は原状回復義務を負う（545条1項本文）。（＊10）　すると、Bは本件建前を収去しなければならないように見える。（＊11）　しかし、請負にあっては、仕事完成前に契約が解除されたときでも、仕事の結果のうち可分な部分の給付によって注文者が利益を受けるときは、その部分は完成したものとされる（634条2号）。そして、〔設問1〕（1）の場合、Aは本件建前の存在を前提として、残りの工事を別の業者にさせようとしているから、本件建前は給付として可分であり、またAにとって利益があると考えられる。（＊12）　したがって、Bはすでにした工事につき、Aに対して請負代金を請求することができ、その額は3000万円（＝5000万円×60％）となる。（＊13）

他方、Bの債務不履行により、Aに損害が生じているなら、AはBに損害賠償を請求できる（415条1項本文、同条2項3号）。Bには、作業員等の調達がうまく行かなかったという帰責事由が認められるからである。（＊14）

次に、本件建前の所有権は誰に帰属するか。請負契約における目的物の所有権の帰属が問題となる。（＊15）（＊16）

請負人が自身の材料を用いて目的物を完成させた場合、目的物の所有権は原則として請負人に帰属する。（＊17）　そして、〔設問1〕（1）でも、資材を用意したのはBであり、またAはまだ請負代金を払っていないから、本件建物が完成した場合、その所有権はBに帰属する。（＊18）　であるなら、建物になる前の本件建前についても、その所有権はBに帰属し（＊19）、本件建前がAに引き渡されるか、AがBにすでにされた工事の請負代金を支払う

62 　【第2章】契約、債権総論（債務不履行等）

ことによって、本件建前の所有権はＡに移転すると考える。（＊20）

(以上、約750字)

＊09： ここでも問題提起から始める。

＊10： まず原則から始める（条文を挙げる。つまり、規範を定立する）。

＊11： 原則を当てはめ、帰結を確認する。

＊12： 条文を挙げて、当てはめをする。

＊13： 単純に計算できるので、Ｂが請求できる金額は明示したほうがよい。

＊14： Ｂに帰責事由があることは明示しなければならないが、Ａの被った損害は問題文では明らかでないので、この程度の記述でよかろう。

＊15： 問題文で明確に問われている問題である。そこで、問題提起から始める。

＊16： 答案構成としては、まず建前の所有権帰属を検討してから、次に解除の効果を論じる、という方法もないではない。

＊17： ここでも原則から始める。

＊18： 原則を本問に当てはめる。

＊19： 建物と建前が異なることを自覚した上で、建物の場合から推論して結論を導く。

＊20： 建物が完成した場合、請負人に帰属していた所有権は「引渡し」によって注文者に移転する（判例理論）。もっとも、注文者が建物完成前に請負人に請負代金を支払っていた場合には、建物の所有権は最初から注文者に帰属する（これも判例理論）。そのため、結局このようになるであろう。

〔設問２〕（２）③について

　ＣＤ間の法律関係はどうなるか。Ｃが貸した本件建物の所有権の帰属が問題となる。（＊21）

　ＡはＢに3000万円支払い、本件建前の所有権を取得した後、残りの工事を別の業者にさせ、本件建物を完成させている。（＊22）　したがって、本件建物の所有権はＡに帰属する。（＊23）　そして、Ａは自己名義で保存登記をした後、Ｃに移転登記をしているが、これはＡとＣが通謀してした虚偽表示で

第5問　参考答案と解説　63

あるから無効であり（94条1項）、本件建物の所有権がCに移転することはない。（＊24）　すると、Cは他人の物をDに貸したことになる。しかし、他人物賃貸借も契約としては有効であるから（561条、559条）、CはDに対して使用収益させる義務を、DはCに対して賃料支払義務を、それぞれ負う。（＊25）

では、AはDに対して本件建物の引渡しを請求できるか。（＊26）

他人の物の賃貸借は契約としては有効であるものの、賃借人は、所有者との関係では、正当な権限を有しないから（＊27）、本来、Aの請求は認められるはずである。（＊28）　しかし、DはAC間の虚偽表示を前提として、Cとの取引関係に入っており、94条2項の「第三者」に当たる。（＊29）　またDはAC間の事情を知らなかったので、「善意」である。（＊30）　すると、Aは、Dとの関係では、自分が所有者であることを主張することができず、他方、Dは、Aとの関係では、Cが本件建物の所有権を取得し、そのCから賃借したと主張できる。したがって、AはDに対して本件建物の引渡しを請求できないこととなる。（＊31）（＊32）

〔設問2〕（2）④について

AはDに対して賃料を請求したい。Aはどのような主張をすればよいか（a）。（＊33）

賃貸借契約が締結されたのはCD間であって、AD間ではない。そのため、AはDに対して賃料を請求できないはずである。（＊34）　しかし、そうなると、DはCに賃料を支払う一方、CはAに対して不当利得として賃料相当額を支払うことになり、法律関係が複雑になる。のみならず、Dとしては、賃料を支払って本件建物を使用収益できるなら、賃貸人は誰であっても差しつかえないはずであり、また賃貸人の負う使用収益させる義務は、所有者であれば、誰でも履行できるものである。（＊35）（＊36）　すると、Aとしては、法律関係の簡明化を図るため、CD間で締結された賃貸借契約はAD間に移転する、と主張することが考えられる。（＊37）

では、Dに賃料請求するため、Aに求められる要件とは何か（β）。（＊38）

賃貸借契約はCD間で締結されたのに、AがDに対して賃料を請求できる

64　**【第2章】契約、債権総論（債務不履行等）**

のは、上記のとおり、Aが本件建物の所有者であるためである。すると、A
はDに対して自身が所有者であることを主張できなければならず、そのために
には対抗要件を備える必要がある。（＊39）　したがって、AがDに対して賃
料を請求するには、本件建物の登記をA名義にしなければならないと考える
（605条の2第3項も参照）。（＊40）（＊41）

（以上、約1200字）

＊21：ここでも問題提起から始める。

＊22：問題文では、残りの工事をしたのは「別の業者」とのみされている。
　　　すると、この業者は重要人物（たとえば本件建物の所有者となりうる
　　　人物）ではないはずである。

＊23：問題提起に即して確認をする。
　　　　なお、本件建物を完成させるには5000万円を要し、他方、Aはすで
　　　に3000万円を支出しているから、法理の如何を問わず、本件建物の所
　　　有権はAに帰属することになろう。しかし、ここは主要な問題点では
　　　ないから、深入りしなくてよい。

＊24：ここも簡単に確認するだけでよい。

＊25：CD間の法律関係の「確認」はこの程度でよい。

＊26：段落を替えて、問題提起から始める。

＊27：「基礎」、「基本」である。

＊28：まずは原則から始める。

＊29：善意悪意を論じる前に、まず「第三者」であるか否かの検討を行う。
　　　その際、規範と当てはめを分けるのが原則であるが、この程度の問題
　　　であれば、このように両者を融合させることもありうる。
　　　　なお、AとCは意図的に虚偽の外観を作出しているから、94条2項
　　　の適用であって、「類推適用」ではない。

＊30：ここも簡単に確認する。

＊31：厳密にいえば、「AはDとの関係では自分が所有者であることを主張
　　　することができず」という前段の理由だけで、Aの請求は認められな
　　　いとの帰結を導くことができ、後段の理由づけは不要である。ただし、
　　　後段も書いたほうが自身の理解度を示すことができるであろう。

＊32：94条2項の「第三者」については、対抗要件の具備は要求されない

第5問 参考答案と解説 **65**

（判例理論）。そのため、Dが本件建物の引渡しを受けていること（借地借家法31条1項参照）は、〔設問2〕（2）③の問題解決とは無関係である。

　のみならず、たとえばCがAに無断で本件建物の登記名義を移転させたり、あるいはDが悪意であった等の事情から、Dについて94条2項が成立しない場合には、たとえDが本件建物の引渡しを受けていたとしても、Aの引渡請求は認められるから、この意味でも引渡しの有無は問題解決に影響しない。

　本来、「対抗要件」とは、正当な権限があることを前提として、その正当な権限を第三者に対して主張できるか否かの問題であり、これに対して、〔設問2〕（2）③にあっては、Dはそもそも正当な権限を有していないから（＝Dは所有者でないCから本件建物を借りたにすぎない）、「対抗要件」を云々すべき問題ではない（もちろん、有力説によれば、94条2項の「第三者」についても、権利保護要件〔or 保護資格要件〕として、登記等が要求されるから、この説を採った場合には、引渡しの有無が議論されることになる）。

＊33：まず問題提起から始める。

＊34：最初に原則を確認する。

＊35：賃貸中の不動産が売買された場合、かつてはこのような理屈づけによって賃貸人の地位の移転が説明されていた（改正法では、605条の2第1項として明文化された）。ここでは、それを応用すればよい。

＊36：このほか、たとえば「DがCに賃料を支払い、AがCから賃料相当額を回収するとなると、Cに他の債権者がいた場合、Aは賃料相当額を満額回収できない可能性がある。しかし、CがDから賃料を受け取ることができたのは、まさにAの所有物である本件建物をDに賃貸したからであり、すると、Dから受け取った賃料については、AがCの他の債権者よりも優先してよいはずである。そして、そのためには、CD間の賃貸借関係がAD間に移転すると考えたほうがよい」という高度な理由づけも考えられる。

＊37：なかには613条1項の「類推」適用を持ち出す答案もあった。しかし、AC間に賃貸借関係はないから、CD間の関係を転貸借と構成することは難しい（もっとも、そのためか、それらの答案は「類推」としていた）。のみならず、613条1項によれば、AがDに請求できる額は、

66　【第2章】契約、債権総論（債務不履行等）

AがCに請求できる額に制限され（＝AがCに請求できる額が上限となる）、「CD間の賃貸借契約で約定された額」を請求できるとは限らない（甲が乙に建物を月額50万円で賃貸し、乙が建物を改良した上、丙に月額60万円で転貸した場合、甲が丙に請求できるのは50万円に限られる。＋10万円は費用を費やしてより高い賃料で賃貸できるように建物を改良した乙に帰属すべきだからである）。そのため、賃貸人の交代と構成したほうがAの主張に適合的であろう（Cが本件建物を改良した上、Dに賃貸した場合、この構成によれば、Cはその投下した費用を196条に基づきAから回収することとなろう）。

＊38：問題提起から始める。

＊39：AのDに対する賃料請求を肯定する際（a）、賃貸中の不動産が売却された場合の理屈づけを持ち出した。すると、ここでもそのような事案と類比した理由づけをし、関係する条文を挙げるのが整合的であろう（したがって、上記の理由づけのほか、たとえば賃料の支払先を明確にするDの利益等を挙げてもよく、またそれとの関係で、賃貸借の移転につき、Dの承諾を要しないことにふれてもよい）。

＊40：C名義の登記をA名義に移すには、AC間の移転登記を抹消する方法とCからAへ再度移転登記をする方法が考えられるが、〔設問2〕（2）④はそこまで問うているわけではない。

＊41：AのDに対する賃料請求が本当に認められるか否かは定かでない。しかし、〔設問2〕（2）④では、請求の当否ではなく、「Aがするであろう主張」（a）が問われている。したがって、類比できる法理を挙げればよく、またAに求められる要件（β）についても、その類比できる法理において求められている要件を——必要があれば、事案に応じた形で適宜「修正」して——論ずればよい（もっとも、〔設問2〕（2）④の場合、特に修正する必要はない）。

第6問　問　題

[問題] 次の文章を読んで、後記の〔設問1〕、〔設問2〕及び〔設問3〕に
答えなさい。

Ⅰ　【事実】
　1．2015年4月1日、Aは、自己所有の建物（居住用の一戸建て建物。以
　　下「本件建物」という。）をBに賃貸し（以下「本件賃貸借契約1」
　　という。）、Bに本件建物を引き渡した。
　2．2015年4月10日、Aは、Cにも本件建物を賃貸し（以下「本件賃貸借
　　契約2」という。）、賃借権の登記がされた。

> 〔設問1〕　【事実】1及び2を前提として、以下の（1）に答えなさい。
> 　（1）Cは、Bに対して本件建物の引渡しを請求することができるか。

Ⅱ　【事実】1及び2に加え、以下の【事実】3の経緯があった。
　3．2015年5月1日、Bは、Aの承諾を得ることなく、本件建物をDに転
　　貸して引き渡した。

> 〔設問2〕　【事実】1から3までを前提として、以下の（2）に答えな
> 　　さい。
> 　（2）①Aは、Dに対して本件建物の引渡しを請求することができる
> 　　　か。
> 　　　②Cは、Dに対して本件建物の引渡しを請求することができる
> 　　　か。

68 　【第 2 章】契約、債権総論（債務不履行等）

Ⅲ 　【事実】 1 から 3 までに加え、以下の【事実】 4 から 7 までの経緯が
　　あった。
　　4 ．2015年 7 月 1 日、ABCD の 4 名が話合いをし、AC 間の賃貸借と BD
　　　　間の転貸借はそれぞれ合意解除され、AB 間の賃貸借は継続されるこ
　　　　ととなった。
　　5 ．2015年 7 月15日、B は、本件建物について、雨漏りを発見したので、
　　　　A にその旨を通知し、A の了解のもと、同日その修繕をした。
　　6 ．2015年 7 月20日、B は、本件建物の玄関先が暗くて不用心であったた
　　　　め、外灯を設置した。
　　7 ．2015年 7 月25日、セスナ機が本件建物に墜落し、本件建物は焼失した。

〔設問 3 〕 　【事実】 1 から 7 までを前提として、以下の（3）に答えな
　　さい。
　（3）AB 間の法律関係がどうなるかを説明しなさい。

第6問　参考答案と解説　69

第6問　参考答案と解説

〔設問1〕（1）について

　Cは、Bに対して本件建物の引渡しを求めることができるか。BとCの賃借権相互の優劣が問題となる。（＊01）

　賃借権は債権であるから、本来、第三者に対抗できないが（＊02）、不動産の賃借権は、登記をすれば、第三者に対抗することができる（605条）。（＊03）　そして、Cは、賃借権の登記をしているので、Bに対して自身の賃借権を主張し、本件建物の引渡しを請求できるかのようである。（＊04）

　しかし、建物の賃貸借の場合、建物の引渡しがされれば、その賃借権には対抗力が認められる（借地借家法31条1項）。すると、Bの賃借権も対抗力を備えていることになる。（＊05）　しかも、Cの登記がされる前に、Bは本件建物の引渡しを受けているから、Bの賃借権はCの賃借権より先に対抗要件を備えており、そのため、Bの賃借権はCの賃借権に優先する。（＊06）したがって、CはBに対して本件建物の引渡しを請求することはできない。（＊07）

(以上、約350字)

　＊01：まず問題提起をする。単に「BC間の優劣が問題となる」としてもよい。

　＊02：次に、原則を確認する。

　＊03：原則を確認した後、例外がありうることを説明する。

　＊04：605条からの帰結を確認する。

　＊05：特別法を確認し、そこからの帰結を確認する。

　＊06：同じ権利について対抗要件が競合する場合、その優劣は対抗要件が具備された時間的先後による（先行して対抗要件を備えた権利が後に覆されるなら、「第三者に対抗できる」という命題と矛盾することになりかねない。ただし、例外〔たとえば339条〕はある）。

70　【第2章】契約、債権総論（債務不履行等）

＊07：最後に結論を記す。なお、本問とは逆に、Cの賃借権の登記が先にさ
　　　れていたとすると、Bが後にAから本件建物の引渡しを受けても、C
　　　はBに対して本件建物の引渡しを請求することができる（前掲「＊
　　　06」も参照）。

〔設問2〕（2）について

　Bが、Aの承諾を得ずに、本件建物をDに転貸して引き渡した場合、Aは
Dに本件建物の引渡しを求めることができるか（①）。Dの転借権の効力が
問題となる。（＊08）

　賃借人が目的物を転貸するには、賃借人は賃貸人の承諾を得なければなら
ない（612条1項）。そして、賃貸人の承諾を得ないで、転貸がされた場合、
賃貸人から見て、転借人は権原なく目的物を占有していることになる。（＊
09）　したがって、Aが本件賃貸借契約1を解除するか否かを問うことなく
（＊10）、AはDに対して本件建物の引渡しを求めることができる。（＊11）
もっとも、BD間の転貸借につき、信頼関係を破壊するに足りない特段の事
情がある場合には、Aは本件賃貸借契約を解除することができず、さらにD
はAとの関係でも正当な権原を有する者とされ、Aの引渡請求は認められな
い。（＊12）

　では、CはDに本件建物の引渡しを請求することができるか（②）。Cの
賃借権とDの権原との関係が問題となる。（＊13）

　確かに、Cの賃借権はBの賃借権に劣後するものの、対抗要件を具備して
いる。他方、Dは、Aとの関係では、いわば不法占拠者といえる。すると、
CはDに対して本件建物の引渡しを請求しうるかのようである。（＊14）

　しかし、Bの賃借権はCの賃借権に優先するのであるから、Aとの関係は
ともかく、Bから転貸を受けたDがCに劣後すべき理由はない。（＊15）　の
みならず、CがDから本件建物の引渡しを受けた場合、今度はBがCに本件
建物の引渡しを求めることになり、法律関係が複雑化する。（＊16）　した
がって、CのDに対する引渡請求は認められないものと考える。（＊17）

（以上、約650字）

＊08：ここでも、問題提起から始める。

＊09：「賃貸人から見て、転借人はいわば不法占拠者と同じである」と書いてもよい。ただし、あくまで「賃貸人から見て」そうなるだけである。

＊10：Aは本件賃貸借契約1を解除しなくても、Dに対して本件建物の引渡しを求めることができる。したがって、「Aは本件賃貸借契約1を解除して（612条2項）、Dに対して本件建物の引渡しを求めることができる」という記述は不正確である。

＊11：結論を記す。

＊12：「もっとも、……」の部分はなくてもよいが、自身の理解度を示すという意味では、本問の場合には、あったほうがよいであろう。

　　　　なお、Aが本件賃貸借契約1を解除できないこととDが正当な権原を有することとは、厳密にいえば、別の問題であり、そのため、かつては「Aは本件賃貸借契約1は解除できないが、Dに対して目的物の引渡しを請求できる」との見解が多数であった。しかし、現在では、請求を否定する見解が通説である。

＊13：ここでも、問題提起から始める。

＊14：判断の分かれる「微妙な問題」である。その場合には、両説の根拠を挙げ、自分の理解の深さを示すのがよい。

＊15：第1の理由づけである。

＊16：第2の理由づけである。そのほか、AC間の本件賃貸契約2は、履行不能により終了している（616条の2）との理由づけも考えられる。

＊17：もちろん、逆の結論でもよい。その理由づけは次のようになろう。

　　　　a）Cの賃借権はBの賃借権に劣後するから、CのDに対する請求は認められないように見える。

　　　　b）しかし、Dは本件建物を権原なく占有しているのに対して、Cの賃借権は、Bの賃借権に劣後するとはいえ、対抗要件を備えている。

　　　　c）のみならず、Aは、Cに対して使用収益される義務を負い、他方、Dに対して本件建物の引渡しを請求できるから、CはAの有する権利（＝物権的請求権）を代位行使できるはずである（423条1項）。（債権者代位権については、基礎プログラム民法Ⅲで解説する。）

72 　【第2章】契約、債権総論（債務不履行等）

d）であるなら、CのDに対する引渡請求は認められるべきである。

〔設問3〕（3）について

　本件賃貸借契約1のみが残存した後、本件建物が焼失した場合、AB間の法律関係はどうなるか。まず、本件賃貸借契約1の帰趨が問題となる。(＊18)

　本件建物は焼失し、使用収益できなくなっている。すると、本件賃貸借契約1は終了することになる（616条の2）。(＊19)　したがって、AのBに対する使用収益させる義務とBのAに対する賃料債務は、ともに消滅する。(＊20)　また、本件建物の焼失につき、AにもBにも帰責事由はない。そのため、損害賠償義務が発生することもない。(＊21)

　次に、Bは、本件建物が焼失する前に、雨漏りの修繕をしている。(＊22)　この修繕は本件建物を使用するのに不可欠であるから、その費用は必要費といえる。(＊23)　また、雨漏りは本件建物をさらに損傷させるおそれがあり、「急迫の事情」が認められるばかりか（607条の2第2号）、BはAにその事実を伝え（615条）、Aの了解のもと、修繕を行っている。(＊24)　したがって、BはAに対して直ちに必要費の償還を請求することができ（608条1項）、そうである以上、後に本件建物が焼失しても、この関係に変わりはないと考える。(＊25)

　さらに、Bは玄関先に外灯を設置した。(＊26)　外灯は本件建物を使用するのに不可欠とまではいえないが、安全性に資するところがあり、改良といえるので、有益費に該当する。(＊27)　すると、Bは、賃貸借が終了した時に、Aにその費用の償還を求めることができる（608条2項、196条2項）。そして、本件賃貸借契約1は、本件建物の焼失によって現に終了している。(＊28)　とはいえ、本件建物は焼失しており、外灯の設置により、本件建物の価格の増加が「現存」しているとはいえない（196条2項参照）。したがって、BのAに対する有益費償還請求は認められないと考える。(＊29)

（以上、約700字）

＊18：まず問題提起から始めるが、検討する順序を考えておく必要がある。論理的必然性はないが、「（法律関係の母体となる）賃貸借の帰趨→必要費→有益費」という順序で検討するのが簡明であろう。

＊19：最初に基本的な法律関係を確認する。

＊20：次に、賃貸借が終了した場合のＡＢ間の法律関係を確認する。

＊21：本問と異なり、仮にＡが本件建物を焼失させた場合、ＡはＢに対して履行に代わる損害賠償をしなければならない（たとえばＢが別の建物を賃借した場合、そのための賃料とＢがＡに支払うはずであった賃料との差額が損害とされることとなろう）。

　　　他方、逆にＢが本件建物を焼失させたとすると、本来、Ｂは、賃貸借の終了後、Ａに本件建物を返還しなればならないのに、その返還義務が履行不能となっており、またこの履行不能につき、Ｂには帰責事由が認められる。すると、ＢはＡに対して本件建物の時価相当額を賠償する義務を負うことになる。

＊22：賃貸借の帰趨を検討した後、必要費の分析に移る。

＊23：単に「必要費に当たる」とするのではなく、必要費に当たる理由を挙げる（必要費の定義を示した後、当てはめをするのが一番丁寧である）。

＊24：Ａの了解を得ている以上、607条の2を問議する必要はないが、念のため、「急迫の事情」にふれてもよい。

＊25：条文の操作から、結論を導く。

＊26：最後に有益費を検討する。

＊27：必要費の場合と同様、有益費とは何で、何故、有益費に当たるかを説明する。

＊28：最初に検討した賃貸借の帰趨を確認する。

＊29：条文の操作から、結論を導く（ただし、別の理由づけでもよく、さらに逆の考え方がありえないわけではない）。

74 　【第 2 章】契約、債権総論（債務不履行等）

第 7 問　問　題

［問題］次の文章を読んで、後記の〔設問 1〕、〔設問 2〕及び〔設問 3〕に
　　　　答えなさい。

Ⅰ　【事実】
　1．Aは花屋を営むために適当な物件を探していたところ、不動産業者で
　　あるBが手頃な物件（以下「甲建物」という。）を売りに出していた
　　ので、交渉の結果、2012 年 7 月 1 日、AB 間で甲建物を 500 万円（時
　　価相当額である。）で売買する契約が締結された（以下「本件売買契
　　約 1」という。）。
　2．本件売買契約 1 では、Aが買主、Bが売主、とされていたが、甲建物
　　は、実際にはBの所有物ではなく、甲建物の所有者であるCがBに売
　　買の仲介を依頼していただけであった。そして、甲建物に買い手がつ
　　いた場合、BはCにその旨を連絡することになっていたが、Bの従業
　　員であるDが本件売買契約 1 についてCに連絡するのを失念したため、
　　Cは本件売買契約 1 がされたことを知らないまま、別の買い手と交渉
　　し、2012 年 7 月 20 日、その買い手に甲建物を売却して登記を移転した。
　　そのため、Aは甲建物を取得することができなかった。

〔設問 1〕【事実】1 及び 2 を前提として、以下の（1）に答えなさい。
　（1）AがBに対してどのような主張をすることができるかを説明し
　　　なさい。

Ⅱ　【事実】1 及び 2 に加え、以下の【事実】3 から 5 までの経緯があった。
　3．Aは、甲建物を取得できなかったので、別の物件を探し、甲建物の斜
　　め向かいにある物件（以下「乙建物」という。）に目をつけた。乙建

物の所有者はＥであり、交渉の結果、2012年９月１日、ＡＥ間で乙建物を600万円（時価相当額である。）で売買する契約が締結された（以下「本件売買契約２」という。）。同日、本件売買契約２に基づき、ＡがＥに代金を支払うのと同時に、乙建物の引渡しと登記移転がされた。

4．甲建物も乙建物も花屋を営むのに適当な物件であり、乙建物は甲建物よりも若干広いため、甲建物よりも100万円高かった。そこで、Ａは、その差額分の支払をするため、2012年９月１日、Ｆから100万円の融資を受け、その利息は年利３％とされた。

5．Ａは、乙建物で花屋を開店するに当たり、自宅にあった備品を乙建物に運ぶのを運送業者に依頼し、その料金として運送業者に20万円支払った。

　　また、甲建物を取得することができず、花屋の開業が当初の計画より３か月遅れたため、Ａは30万円の営業利益（１か月当たり10万円）を失ったが、このうち１か月分の遅れについては、Ａが乙建物の内装を依頼した施工業者Ｇの工事の遅延に起因するものであった。

〔設問２〕【事実】１から５までを前提として、以下の（２）に答えなさい。
（２）仮に、ＡがＢに対して損害賠償を請求できるとすると、具体的な賠償の範囲がどうなるかを説明しなさい。

Ⅲ　【事実】１から５までに加え、以下の【事実】６から９までの経緯があった。

6．Ａは、乙建物で花屋を営み、Ｆから借りた100万円を、利息を含め、返済した。

7．2016年10月、Ａは、体力の衰えから花屋をやめ、乙建物を売って、その代金を元手に株式投資をすることを考え始めた。そこで、乙建物の買い手を探したところ、Ｈが乙建物に興味を持っていることを知り、交渉の結果、同年11月１日、ＡＨ間で乙建物を600万円（時価相当額である。）で売買する契約が締結された（以下「本件売買契約３」と

76 【第2章】契約、債権総論（債務不履行等）

いう。）。もっとも、Hが代金を用意するには3か月かかることから、本件売買契約3では、代金支払時期は2017年2月1日とされていた。

8. 2016年11月15日、Aはある会社に関する耳寄りな情報を得たので、その会社の株を買うことにし、Fに融資を依頼し、同日、Fから500万円借り受けた。その際、Aは、このAへの貸付金の回収を確実なものにしたいというFの要望に応じて、Hに対する600万円の代金債権の取立てをFに委任するとともに、取立ての手数料としてFに10万円支払う契約を結んだ。

9. AはFから借りた500万円で上記の会社の株を購入したが、購入直後、その会社の株は暴落した。そこで、Aは、この損失を取り戻そうと、別の会社の株を購入することにし、その購入資金に充てるため、Hに対する600万円の代金債権を直接自分（＝A）で回収することにし、2016年12月15日、Fに対して、取立てに関するAF間の契約（【事実】8参照）を解除する旨の通知をした。

〔設問3〕 【事実】1から9までを前提として、以下の（3）に答えなさい。

（3）①Aの解除がどのような根拠に基づいていると考えられるかを確認した上、②Aの解除が認められるか否かを説明しなさい。

第7問　参考答案と解説　77

第7問　参考答案と解説

〔設問1〕（1）について

　Aは、Bに対してどのような主張をすることができるか。本件売買契約1の効力が問題となる。（＊01）

　BはAに甲建物を売却したが、甲建物の所有者はBでなく、Cである。したがって、本件売買契約1は他人の物の売買であり、BはCから甲建物の所有権を取得し、これをAに移転する義務を負う（561条）。（＊02）

　しかし、甲建物はCがすでに別の買い手に売却し、移転登記もされている。そのため、BのAに対する権利移転義務は履行不能となっている。（＊03）したがって、Aは、Bに対して催告をすることなく、本件売買契約1を解除することができる（542条1項1号）。（＊04）　また、DはBの従業員であり、Bの履行補助者であるところ（＊05）、DはCへの連絡を怠り、その結果、Bの義務が履行不能になっているから、この履行不能につき、履行補助者の過失が認められる。したがって、Bには帰責事由が認められ（＊06）、AはBに対して損害賠償を請求することができる（415条2項1号）。（＊07）（＊08）

（以上、約400字）

＊01：まず問題提起から始める。

＊02：最初にAB間の基本的な法律関係を確認する。

＊03：別の買い手に移転登記されているので、Bの義務は履行不能となっている。

　　　なお、「履行不能」ではなく、単に「債務不履行」と記述してもよいが、後に解除や損害賠償を論ずることになるので、「履行不能」と明記しておいたほうが便宜であろう。

＊04：損害賠償（415条1項）と異なり、解除の場合、債務者Bに帰責事由

78 【第2章】契約、債権総論（債務不履行等）

があることは要件とされない。

＊05：「履行補助者の過失」を導くため、まずDがBの履行補助者であることを指摘する。なお、定義を明記した上、当てはめをすれば、より丁寧である。

＊06：DがCに連絡をしていれば、Cが別の買い手に売ることはなかったはずである、との事実まで指摘すれば、より丁寧であるが、この程度でも意は通じよう。他方、単に「Dには過失がある」といった程度では不分明である。

＊07：最後に結論を記す。

＊08：なお、債務者Bには帰責事由があるので、危険負担（536条1項）にまでふれる必要はなかろう。

〔設問2〕（2）について

　Aは、Bに対してどのような損害の賠償を請求できるか。AがBの不履行により、いかなる損害を被ったかが問題となる。（＊09）

　まず、Aは乙建物に備品を運ぶため、運送業者に20万円支払っている。しかし、仮にAが甲建物を取得したとしても、同様の費用を支出したはずであるから（＊10）、Bの債務不履行とAの20万円の支出との間に事実的因果関係は認められない。したがって、AはBに対して20万円請求することはできない。（＊11）

　次に、Aは、Bから甲建物を500万円で取得するはずであったが、それができなかったため、Eから乙建物を600万円で取得した。すると、その差額の100万円を請求できるように思える。しかし他方で、Aは時価600万円の乙建物を所有するという利益も得ており、その結果、100万円の差額の賠償は認められないこととなる。（＊12）

　他方、AがFに支払う3％の利息は、Bの債務不履行がなければ生じなかった損害であり、かつ、代替物の取得に係る費用であるから、「通常生ずべき」、あるいは少なくとも「予見すべき」損害といえる。したがって、AはBに対してその賠償を求めることができる。（＊13）（＊14）

　さらに、Aは、花屋の開業が3か月遅れたことによって、30万円の営業利益を失っており、本来、その賠償を請求できるはずである。しかし、そのう

第7問　参考答案と解説　79

ち1か月分の遅れは第三者Gの遅延に起因するものであるから、AがBに対して請求できるのは20万円にとどまると考える。(＊15)

(以上、約600字)

＊09：ここでも問題提起から始める。

＊10：甲建物と乙建物は近接した場所にあることに注意。

＊11：賠償の対象として検討すべき費目は、いくつかある。したがって、それらをどのような順序で論じるかが「腕の見せ所」である（＝「答案構成」）。ここでは、事実的因果関係が認められないものから検討するのが簡便であろう。

＊12：いわゆる損益相殺である。

　　　なお、より高価な物を買わなければならなくなったことを1つの「損害」として把握することは、もちろん、可能である。しかし、その場合も、損害額が100万円とされることはなかろう（仮に100万円の賠償が認められるとすると、Aがかえって得をすることになる）。

＊13：事実的因果関係を確定した上、416条に則った処理をする。

＊14：BのAに対する債務は金銭債務ではないので、419条は問題とならない。

＊15：実は、この結論は間違っている。すなわち、

　　　AがBに対して請求できる額については、（a）20万円とする考え方と（b）30万円とする考え方がある。前者の考え方を正当化するには、①事実的因果関係の及ぶ損害が20万円にとどまると考えるか（参考答案の考え方）、②Gの工事遅延は予見できないとするか、③Gの工事遅延をAの過失ととらえた上、過失相殺を持ち出すしかない。

　　　しかし、①「あれなければこれなし」という事実的因果関係の定式からすると、「甲建物を取得したとしても、内装工事の遅れが生じたはずである」との事情がない限り、事実的因果関係を否定することはできないし、②工事遅延は起こりうる事態であるから、予見すべきでないとまではいえず、③さらにAとGは別人格であるから、Gの過失をAの過失と解することもできない。したがって、結論としては、AはBに対して30万円請求できることになろう（交通事故の被害者が運び込まれた病院の医療過誤によって死亡した場合、交通事故の加害者は死亡についても損害賠償責任を負う。ただし、医療過誤が故意又は

80　【第2章】契約、債権総論（債務不履行等）

重大な過失による場合、〔相当〕因果関係は切断され、交通事故の加
害者は被害者の死亡について責任を負わないとされる。詳しくは、基
礎プログラム民法Ⅲで解説する）。

　なお、AはGにも工事の遅延（＝債務不履行）を理由に10万円請求
することができる。他方、Aの損害は30万円にとどまるから、AがB
から30万円の賠償を受けた場合には、AはGに対して損害賠償を請求
することはできず（2重利得の禁止）、その場合、BがGに対して10
万円求償することとなる。つまり、Bの30万円の債務とGの10万円の
債務は、10万円の範囲で「連帯債務」となる（上記の「交通事故＋医
療過誤」の事例でも、交通事故の加害者が負う債務と病院が負う債務
は連帯債務となる）。たとえばGが無資力である場合、このような法
律構成には実益が認められる（連帯債務であるなら、Gの無資力はB
が負担し、他方、AがBに20万円しか請求できないとすると、Gの無
資力はAが負担することになる。Bの債務不履行とAの30万円の損害
との間に因果関係があるなら、Gの無資力はBが負担すべきであろう）。

　とはいえ、連帯債務も「交通事故＋医療過誤」の事例も、基礎プロ
グラム民法Ⅲで学習するものなので、現時点では、参考答案のように
間違っていてもよい。

〔設問3〕（3）について

　Aの解除の根拠は何か（①）。AF間の契約の性質が問題となる。（＊16）

　Aは、Fに対して、Hから乙建物の売買代金を取り立てる事務を依頼して
いるから、AF間の契約は委任に該当する。（＊17）　そして、委任にあって
は、相手方に債務不履行がなくても、各当事者はいつでも委任を解除するこ
とができるので（651条1項）、Aの解除はこれに基づくものと考えられる。
（＊18）

　では、Aの解除は認められるか（②）。651条1項が適用されるかが問題と
なる。（＊19）

　AはFに10万円支払うことになっているので、AF間の委任は有償委任で
あるが（＊20）、単に有償であるのみならず、Fは、Aから取立委任を受け
たからこそ、Aに貸付をしたと考えられる。であるなら、AF間の委任にお
いては不解除特約が結ばれたと推認するのが相当である。（＊21）　なぜなら、

このように解しないと、ＦがＡの解除によって一方的に担保を失うことになるからである。（＊22）

　もっとも、ＡＦ間の委任を「受任者の利益をも目的とした委任」と解した上（＊23）、Ａによる解除を認めつつ、Ｆが被った損害をＡに請求する（651条2項2号）という方法も考えられる。（＊24）　しかし、これでは、Ａが資力を失った場合、ＦはＡから賠償を受けることができず、そして、ＡＦ間ではまさにこのような事態に備えて取立委任がされたと考えられる。（＊25）したがって、このような取立委任の趣旨目的に照らすなら、ＡＦ間では不解除特約が結ばれたと解するべきである。（＊26）

（以上、約600字）

＊16：ここでも問題提起から始める。

＊17：「準委任」とも考えられるが、「取立準委任」とはいわず、「取立委任」とされているから、単に「委任」としてよかろう。

＊18：この場合、条文は挙げたほうがよい。

＊19：ここでも問題提起から始める。

＊20：この叙述は、論理的には不要であるが、自身の理解度を示す意味がある。ただし、分量には注意すること。

＊21：最判昭和56年1月19日民集35巻1号1頁参照。

＊22：不解除特約を推認する根拠を説明する。

＊23：「受任者の利益をも目的とした委任」の意義とＡＦ間の取立委任をそのように解する根拠までふれていれば、さらによい。

＊24：このような解決方法の提示及び不解除特約との比較衡量は「必須」ではないが、自身の理解度を示す意味がある。

＊25：ＦがＡから取立委任を受けた趣旨目的を問題文に基づいて推測し、そこから結論を導く。

＊26：最後に結論を示す。

82 【第2章】契約、債権総論（債務不履行等）

第8問 問題

［問題］次の文章を読んで、後記の〔設問1〕、〔設問2〕及び〔設問3〕に
答えなさい。

I 【事実】
1. 2016年7月1日、Aは、自分が所有する建物（以下「本件建物」とい
う。）をBに3000万円で売却し（以下「本件売買契約1」という。）、
同日、Bから手付として200万円を受領した。
なお、本件売買契約1では、代金支払と登記移転及び引渡しは、同
年10月1日にされることになっていた。
2. 2016年8月1日、それまで噂されていた本件建物の近くに地下鉄が延
伸されるという計画が正式に発表され、本件建物に関心を持ったCが
Aと交渉をした結果、同月10日、AがCに本件建物を3300万円で売却
する契約が締結され（以下「本件売買契約2」という。）、同月20日、
代金支払と登記移転がされた。
3. 本件建物の価格は、その後も上昇を続け、2016年9月1日現在、3500
万円になっている。

〔設問1〕【事実】1から3までを前提として、以下の（1）及び（2）
に答えなさい。
（1）Aは、本件売買契約1をないことにしたい。Aの主張が認めら
れるための要件を列記しなさい。
（2）仮に、上記（1）のAの主張が認められなかったとすると、B
はAに対してどのような主張ができるかを説明しなさい。

II 【事実】1から3までに加え、以下の【事実】4から7までの経緯が

あった。

4．2016年9月15日、AとBが話し合い、AがBに500万円支払うことで、本件売買契約1は解消された。

5．2016年10月1日、Aは、本件売買契約2に基づき、本件建物をCに引き渡し、Cは本件建物に住み始めたが、同月15日の夜、季節外れの台風の風雨により、2階部分で雨漏りが生じ、Cが2階に置いていたパソコンが水をかぶって故障した。

6．雨漏りの原因は、本件建物を建てた建築業者の施工ミスによるものであり、屋根裏部分の微細な施工ミスであったため、AやCには発見しがたいものであった。

7．2016年10月16日、Cは、故障したパソコンをパソコンショップDに持ち込んで修理してもらい、また、損害の拡大を防ぐため、知り合いの建築業者であるEに本件建物の屋根裏部分の修繕をさせた。CがDと約定した修理代金は時価相当額である2万円であったが、Eと約定した工事代金は80万円であり、この額に定められたのは、Cが運転資金に困っていたEを助ける意味も込められていた。

2016年10月20日、CはDとEにそれぞれ請負代金を支払った。

〔設問2〕 【事実】1から7までを前提として、以下の（3）に答えなさい。ただし、本件売買契約2の解除についてふれる必要はない。
（3）①CがAに対してどのような請求をすることが考えられるか、また、②Cの請求に対して、Aがどのような反論をすることが考えられるか、を説明した上、③双方の言い分の当否を検討しなさい。

Ⅲ 【事実】1から7までに加え、以下の【事実】8から11までの経緯があった。

8．雨漏りをめぐるAC間の紛争は、AがCに30万円支払うことで解決されたが、本件建物に嫌気がさしたCは、本件建物を売却することにし

84 　【第 2 章】契約、債権総論（債務不履行等）

た。

9. 2017年 3 月 1 日、CはFと本件建物を3500万円で売買する契約（以下「本件売買契約 3 」という。）を締結し、本件売買契約 3 では、同年 4 月 1 日に代金支払と登記移転がされることになっていた。

10. 2017年 4 月 1 日、Cは、本件売買契約 3 で定められたとおり、登記移転の準備をして登記所に赴いたが、Fは登記所に現れなかった。CがFの勤務先に確認したところ、Fは同年 3 月20日から海外出張に出かけており、本来であれば、同月29日に帰国するはずであったが、出張先でテロ事件が発生したため、保安上の措置により、現在出国することができず、Fが帰国できるのは2017年 4 月 5 日の予定である、とのことであった。

11. 2017年 4 月 3 日夜、本件建物は、付近で発生した火災により、焼失した。

　　なお、Cは、本件建物について、3000万円の火災保険をかけている。

〔設問 3 〕 　【事実】 1 から11までを前提として、CF 間の法律関係を検討しなさい。

第8問　参考答案と解説　85

第8問　参考答案と解説

〔設問1〕（1）について

　Aは本件売買契約1をないことにしたい。Aはどのような主張をすることが考えられるか。（＊01）

　Aは、Bから手付として200万円受領した。すると、Aは、①この手付が解約手付であると主張した上（557条1項によれば、手付は解約手付と推定される。）、②Bに対してその倍額（400万円）を現実に提供し、本件売買契約1を解除することが考えられる。ただし、③その解除はBが履行に着手する前にしなければならない。（＊02）

〔設問1〕（2）について

　Aの解除が認められなかった場合、BはAに対してどのような主張をすることができるか。本件建物の登記がすでにCに移転しているため、問題となる。（＊03）

　Aは、本件売買契約2に基づき、Cに本件建物の登記を移転しているから、Bへの登記移転義務は履行不能となっており（＊04）、また引渡義務も履行しえなくなっている（177条）。（＊05）　そのため、Bは、Aに催告をすることなく、本件売買契約1を解除することができる（542条1項1号）。（＊06）

　次に、Bは、Aに対して履行に代わる損害賠償を請求することができる（415条2項1号）。Aの債務が履行不能になったのは、AがCに本件建物を売却して登記を移転したためであり、Aには帰責事由が認められるからである（415条1項本文）。（＊07）

　では、Bは具体的にいくら請求できるのか。損害賠償の範囲が問題となる。（＊08）

　本件売買契約1によれば、BはAに残代金2800万円を支払い（＊09）、時価3500万円の本件建物を取得するはずであった。すると、その差額である700万円が賠償の対象となる。（＊10）

86 　【第2章】契約、債権総論（債務不履行等）

　もっとも、このうち、500万円は本件建物の価格上昇に基づくものである。しかし、不動産の価格上昇は、通常ありうるものであり（416条1項）、また地下鉄の延伸はそれまで噂されていたのであるから、少なくともAは予見すべきであったといえる（同条2項）。（＊11）　すると、Bが本件建物を3500万円未満の価格で転売していた等の事情がない限り（＊12）、BはAに対して700万円請求できると考える。（＊13）

（以上、約800字）

＊01：まず問題提起から始める。

＊02：要件の「列記」が求められているので、このような書き方が考えられる。

＊03：ここでも問題提起から始める。

＊04：なお、Aは、第1買主であるBに登記移転する前に、第2買主であるCと本件売買契約2を締結しているから、AB間とAC間の関係はいわゆる2重譲渡であり、他人物売買ではない。

＊05：仮にAがBに本件建物を引き渡したとしても、CがBに優先するので（177条）、結局、Bは本件建物を占有し続けることはできない。

＊06：解除の場合、Aの帰責事由は不要であるが、〔設問1〕では、Aの帰責事由も認められる。

＊07：解除と異なり、損害賠償にあっては、帰責事由が要件とされる。

＊08：問題文では、値上がり等の事情も記されている。これは「損害賠償の範囲まで検討せよ」というサインである。

＊09：手付は、通常、代金に充当される。

＊10：BがAの債務不履行を理由に本件売買契約1を解除した場合、200万円の手付はAの原状回復義務（545条1項本文）に基づいてBに返還され、その上で、BはAに対して500万円の値上がり分の賠償を求めることになる。ただし、契約を解除しなくても、履行に代わる損害賠償を請求することは可能であり（このことは415条2項3号からも窺うことができる）、Bが本件売買契約1を解除しないで、直接、履行に代わる損害賠償を請求する場合には、結局、損害額は700万円とされることとなろう。

＊11：問題文から事情を拾って、評価をする。なお、結論自体は逆でもよい

第8問　参考答案と解説　　87

　　　　（たとえば「このような急激な価格上昇は、通常生ずべきものではなく、
　　　　またいくら地下鉄延伸の噂があったとしても、予見すべきであったと
　　　　はいえない」という評価でもよい）。
＊12：仮にBが第三者に本件建物を3400万円で転売していたとすると、Bが
　　　　Aに請求できる額は600万円（＝200万円＋400万円）に限られる（値
　　　　上がり分のうち、100万円については、事実的因果関係が否定される）。
　　　　　　もっとも、Bが第三者に対して違約金等を支払わねばならないとす
　　　　ると、その分が賠償額に加算されることになる。
＊13：最後に結論を記す。

〔設問2〕について
　　Cは、Aに対してどのような請求をすると考えられるか（①）。雨漏りの
原因は施工ミスにあり、本件建物は契約に適合した物とはいえない（562条）。
したがって、パソコンの修理に要した2万円の損害賠償と屋根裏の修繕に費
やした80万円の費用を請求するものと考えられる。（＊14）（＊15）（＊16）
　　これに対して、Aがする反論としては（②）、まず2万円の損害賠償につ
いては、施工ミスが微細で発見しがたいものであったことから、Aには帰責
事由がないとの主張が考えられる。（＊17）　また80万円については、これと
同様の反論のほか、（α）562条は修補請求を認めているが、修補費用の請求
は認めていない、（β）代金減額請求は追完の催告をした上でしなければな
らないのに（563条1項）、CはAに催告をしておらず、すると、代金減額請
求と趣旨を同じくする修補費用の請求は認められない、（γ）80万円の工事
費用にはEを助ける意味も込められており、その全額の請求を認めるのは相
当でない、といった反論が考えられる。（＊18）
　　では、双方の言い分のうち、いずれが認められるか（③）。（＊19）
　　まず、2万円の修理費用については、追完請求でも代金減額請求でもなく、
損害賠償として請求されるべきものであるところ（564条）、Aの主張のとお
り、Aには帰責事由がないので、Cの請求は認められないと考える。（＊20）
　　他方、80万円の修繕費用については（＊21）、確かにCはAに催告をして
いないが、損害の拡大を防ぐため、Cが自身で修繕するのは合理的であり
（＊22）、また売主に帰責事由がなくても、追完請求や代金減額請求は認めら

88　【第2章】契約、債権総論（債務不履行等）

れるのであるから、本来Aがすべき修繕にかかる費用はAが負担すべきである。（＊23）

　もっとも、修繕に代わる費用の請求である以上、その額は修繕に要する額にとどまるはずで（＊24）、工事費用が80万円とされたのがEの資金難を助ける意味も込められていたことに照らすなら、CがAに請求できるのは80万円ではなく、修繕に要する相当額にとどまると考える。（＊25）（＊26）（＊27）

（以上、約800字）

＊14：2つの費目が列記されているので、その法律構成は異なるものと推測される。

＊15：80万円の法律構成については、いくつかの可能性が考えられる。そこで、参考答案の問題提起の部分では、漠然と「費用の請求」といった文言を用いている。

＊16：なお、本件売買契約2の解除については、541条ただし書の趣旨を踏まえても、認められる可能性が相当程度あるように思われる。

＊17：このほか、たとえば「特別事情によって生じた予見できない損害である」との反論も一応考えられるが、雨漏りで2万円程度の損害が生じることはよくあり、現実味のある反論とはいえまい。したがって、そこまで検討する必要性は乏しいであろう。

＊18：このように、80万円の請求については、いくつかの反論が考えられるが、2万円の請求におけるのとは異なる反論を挙げたほうがよい。

＊19：ここでも問題提起から始める。

＊20：結論を記す。ただし、理由を示していれば、結論は逆でもよい。

＊21：この問題は「見たことのない問題」であり、その場で考えるしかない。その際のポイントは、①まず慌てずに落ち着くこと、②次に問題文をよく読み、類例と対比すること（＝比較の対象を考えること）、③最後に基礎から丁寧に書くこと、の3つである。

＊22：問題文の事情から、Cの行動の合理性を吟味する。

　なお、賃借人が目的物を修繕するには、目的物が賃借人の所有物ではないこととの関係から、一定の要件が課されるが（607条の2参照）、売買の場合にはそのような制限は定められていない（仮にそのような

制限があったとしても、〔設問2〕では「急迫の事情」〔607条の2第2号参照〕が認められよう）。

＊23：追完請求と代金減額請求の場合、損害賠償請求と異なり、売主の帰責事由は不要とされる。そして、このこととのバランスから、Cの請求の当否を検討する（＝これが異なる法律構成を示すことでもある）。

＊24：ここでも、追完請求とのバランスを考える。

＊25：問題文から事情を拾って、それを評価し、結論を導く。
　　　なお、賃貸借契約における必要費にあっても、賃借人が支出した額が過大である場合には、償還請求の対象となるのは相当額に限られるとされる。

＊26：理論構成としては、Cの請求を代金減額請求ととらえた上、563条2項1号によることも考えられる（Cが自身で修繕したので、Aが重ねて修繕することが不能になったと考える）。しかし、この理解によれば、Aの履行を不能にしたのはCであることになり、上記の規定を用いることには疑義もある。もっとも、Cが自分で修繕したことに合理性がある場合には、このような法律構成も採りうることとなろう。

＊27：196条は〔設問2〕とは無関係の規定であるので、持ち出さないほうがよいであろう。

〔設問3〕について

CF間の法律関係は、どうなるか。本件建物が焼失したため、問題となる。（＊28）

Cは、Fに対して、本件売買契約3に基づき、本件建物の登記移転義務と引渡義務を負っていたが、いずれも履行不能となっており、FはCに履行を求めることはできない（412条の2第1項）。またこの履行不能につき、Cに帰責事由はないから、FはCに損害賠償を請求することもできない（415条1項ただし書）。（＊29）

では逆に、CはFに代金を請求できるのか。危険負担の問題となる。（＊30）

一方の債務が履行不能となった場合、原則として、債権者は反対給付の履行を拒むことができる（536条1項）。したがって、FはCに代金を支払わなくてよいように見える。（＊31）　しかし、Cは、本件売買契約3で定められ

90 　【第2章】契約、債権総論（債務不履行等）

たとおり、登記移転の準備をして登記所に赴き、履行の提供をしたのに（493
条本文）（＊32）、Ｆが履行を受けることができなかったのであるから、この
時以後に双方の責めに帰することができない事由によって履行不能が生じた
場合、債権者に帰責事由があったものとされる（413条の2第2項）。（＊
33）（＊34）　したがって、ＣはＦに代金を請求することができる（536条2
項前段）。（＊35）（＊36）　加えて、Ｆは、本件売買契約3を解除することも
できないから（543条）、契約の解除によって代金債務を免れることもできな
い。（＊37）

　もっとも、そうなると、Ｃは本件建物に火災保険をかけており、Ｆから代
金を受け取った上、保険金も得るとするなら、二重に利得することになる。
（＊38）　そして、火災保険の保険金は本件建物が形を変えたものといえるか
ら、Ｆは、Ｃに対して、本件建物の引渡しは請求できないが、保険会社に対
する保険金請求権をＦに移転せよと請求することができる（422条の2）。
（＊39）（＊40）

（以上、約700字）

＊28：ここでも問題提起から始める。

＊29：ＣＦ間の法律関係が問われている場合には、（ａ）ＦはＣに対して、ま
た、（ｂ）ＣはＦに対して、それぞれどのような請求ができるか、と
いうように問題を具体化してアプローチするのが簡明である。

＊30：〔設問3〕の中心的な問題なので、あらためて問題提起をする。

＊31：問題提起の後は、原則を確認する。

＊32：例外を導くために、規範及び当てはめを丁寧に行う。

＊33：本件建物の焼失については、ＣにもＦにも帰責事由は認められない
（＝もし帰責事由の存否について詳しく検討させたいなら、問題文に
これに関わる事情が書かれているはずなのに、そのような記載は全く
ない）。

＊34：Ｆには、本件建物の焼失についてだけでなく、出張先から帰国できな
かったことについても、帰責事由がない。しかし、413条の2第2項
は「受けることを拒み、又は受けることができない」ことについて、
債権者に帰責事由があることを要求していないから、〔設問3〕の場

　　　　　　　　　　　　　　　　　　　　　第8問　参考答案と解説　　91

　　合にも、同項が適用され、Fに帰責事由があるものとみなされる。
＊35：例外が妥当することを示す。
＊36：CのFに対する代金請求権の根拠として、567条2項後段を挙げるも
　　　のもあった。しかし、同項後段は、〔設問3〕に即していうなら、536
　　　条2項前段（＋413条の2第2項）を確認した規定とされている。
　　　　なお、Cが履行の提供したのは、本件建物の登記移転であって、引
　　　渡しではない。そのため、567条2項後段を持ち出すのはやや適切さ
　　　を欠くものといえよう（問題文で、本件建物の引渡しにふれていない
　　　のは、567条2項後段ではなく、「413条の2第2項＋536条2項前段」
　　　に誘導するためである）。
＊37：危険負担が問われている場合には、念のため、解除にもふれておいた
　　　ほうがよい場合が多い。
＊38：代償請求権（422条の2）を導くための導入である。
＊39：単に422条の2を挙げるより、このくらい説明したほうが丁寧であろう。
　　　　なお、本件建物には火災保険がかけられているだけで、保険金が支
　　　払われたという事情は記されていない。したがって、Cが得た代償と
　　　は、厳密にいえば、保険金そのものではなく、保険会社に対する保険
　　　金請求権であることになる。
＊40：422条の2ではなく、536条2項後段を用いた答案もかなりあった。も
　　　しCがすでに保険金を手にしていた場合には、そのような法律構成も
　　　可能であろう。しかし、まだ保険金が支払われていない場合には、代
　　　償請求権の問題として処理されることになろう（＝あまり現実的な想
　　　定ではないが、仮に保険会社が無資力である場合、代償請求権による
　　　なら、その無資力はFが負担することになるが、536条2項後段によっ
　　　た場合、解釈にもよるが、Cが保険会社の無資力を負担しかねないこ
　　　とになる。また、仮にそのような危険がなくても、Cにとっては、F
　　　に対して代金全額を請求できるとしておいたほうが便宜であろう）。

92 　【第 2 章】契約、債権総論（債務不履行等）

●コラム 2 ：委任契約の解除と損害賠償

1．ある法科大学院の方からの質問（2023年 2 月）

　池田先生　お世話になっております。履行利益の賠償請求について質問がございます。

　　履行利益の賠償請求は、請負であれば認められ（641条、416条）、委任であれば認められない（651条 2 項 1 号）との理解でよろしいでしょうか。だとすると、このような違いはなぜ生じるのでしょうか。

　　お手すきの際にお伺いできましたら幸いです。よろしくお願いいたします。

2．池田の回答（同年 7 月）

（1）請負の解除と委任の解除

　　まず、注文者が請負契約を任意解除（641条）した場合、注文者は請負人に損害賠償をしなければならず、しかも、それは履行に代わる損害の賠償（＝履行利益の賠償）と考えられています。このような処理の背景は、契約を締結した以上、本来、注文者は契約に拘束されるはずですが、注文者にとって当該請負が不要になった場合に、それ以上請負人に仕事を続行させるのは社会的に見て「無駄」ですし、また請負人としても、履行に代わる損害賠償が得られるなら（つまり、実質的に報酬の全額が得られるなら）、特に問題はないためです。要するに、請負契約の場合、あくまで両当事者は契約に拘束され、勝手にやめることはできない、とイメージした上、ただし、請負人にきちんと報酬全額（ただし、使用しなかった材料費は控除されます）を払うなら、注文者は請負契約から離脱してよい、と考えるわけです。

　　これに対して、委任契約の場合は、両当事者とも自由に、つまり、損害賠償責任を負うことなく契約から離脱できるのが原則です。そのため、651条 1 項には、641条と異なり、「損害を賠償して」という文言はありません。

（2）「不利な時期」の解除による損害賠償（651条 2 項 1 号）

　　とはいえ、相手方にとってあえて「不利な時期」（＝よりにもよってこの時期）に解除をし、そのため、「適切な時期に（＝たとえばあらかじめ余裕のある時期に）解除をしていたなら生じなかったような損害」が相手方に生じた場合、その損害を解除者に賠償させるのが651条 2 項 1 号の発想です。したがって、損

害賠償の対象は、解除がされなければ受任者が得ていたであろう利益、つまり、履行に代わる損害賠償ではなく、解除されるのはよいとして（そのため、解除されなかったなら得られたであろう利益、すなわち、履行利益の賠償はされません）、普通の時期に解除されていたなら生じなかったような損害（＝「解除された時期が不当であったことに起因する損害」）が賠償の対象とされるわけです。

　もっとも、「不利な時期」に解除されたことによって生じた損害が、事案によっては、履行利益の賠償と重なることはありうるように思います。651条２項１号は改正前法651条２項をそのまま受け継いだものですが、そこでよく挙げられていた事例は、事件を受任した弁護士（＝受任者）がたとえば期日の間際になって辞任し、そのため、委任者が損害を受けたといったようなものです（中田裕康『契約法〔新版〕』[2021年] 541頁、『新注釈民法14巻債権（７）』[2018年] 330頁 [一木孝之]、曽野裕夫・松井和彦・丸山絵美子『民法Ⅳ』[2021年] 354頁 [丸山] 参照）。そして、ここでいう「損害」の内容はあまりはっきりしないのですが、仮に差し迫った状況のもと、別の弁護士に大至急お願いしたので、報酬を高額にせざるを得なかった、というのであれば、その高額になった部分が「損害」に当たるでしょうし、この損害であれば、「履行利益の賠償」と説明することは可能でしょう（ある物件を賃料６万円で賃借したが、賃貸人が引き渡してくれないので、同種同等の別の物件を賃料７万円で借りた場合、履行利益として１万円の賠償が認められるのと同じ理屈です）。ただし、受任者たる弁護士が突然辞任することで、委任者が被る損害としては、いろいろなもの（たとえば適切な時期に差押えができなかったことによって生じた損害等）が考えられ、受任者が突然辞めなければ委任者が被らなかったであろう損害という意味では確かに「履行利益の賠償」といえるかもしれませんが、次に説明する委任者からの解除の事案も考えると、端的に「あえてその時期に解除されたことによって被った損害」としておいたほうが汎用性があるように思います。

　続いて、委任者からの解除ですが、この場合、受任者は予定されていた報酬の全額（＝履行利益）を得ることはできません。なぜなら、上記のとおり、651条１項では「損害賠償責任を負うことなく」解除をすることが認められていますし、同条２項２号の括弧書から推しても、受任者の報酬期待は保護されていないと考えられるためです。ただし、その委任を受けたことで受任者が別の仕事を継続するために追加で費用を費やしたり、あるいはその別の仕事を断っていたのに、その後、委任者が直前になってから委任の解除をしたときには、「不利な時期」に解除されたと評価することができるでしょう（前掲『民法Ⅳ』355

94　【第2章】契約、債権総論（債務不履行等）

頁参照）。なぜなら、受任者が他の人に別の仕事を頼む前に、あるいは受任者が
別の仕事を断る前に、委任者が解除をしていれば、受任者が損害を被ることは
なかったはずだからです。そして、この場合の「損害」とは、委任者が余裕を
もった時期に解除していれば受任者が被らなくて済んだはずの損害ですので、
別の仕事を他の人に頼んだことによる費用、あるいは、別の仕事を断らなけれ
ばその別の仕事から得られたであろう報酬が「損害」とされるのであって、こ
れは当該委任から得られたであろう報酬ではなく、したがって、「履行利益」と
はいえません（あえていうなら、「信頼利益」と位置づけられる損害ですが、「信
頼利益」という概念自体、多義的です）。

　このように、「不利な時期」に解除されたことによって生じた損害の具体的内
容は、事案によって異なりますが、「常に履行利益が賠償されるわけではない」
ということだけは確かです。要するに、委任は、請負と異なり、各当事者とも
「損害賠償責任を負うことなく」解除できるのが原則であり、ただし、よりにも
よって相手方の「不利な時期」に解除をしたときは、「解除をしたこと」そのも
のではなく、「『不利な時期』に解除をしたこと」によって生じた損害が賠償さ
れるわけです。

（3）受任者の利益をも目的とした委任の解除による損害賠償（651条2項2号）

　これに対して、651条2項2号の「損害」は、中田・前掲書541頁では「委任
契約が解除されなければ受任者が得たであろう利益〔から受任者が債務を免れ
ることによって得た利益を控除したもの〕」とされていますので、「履行利益」
といえそうです（〔　〕内は損益相殺を表現したものでしょう）。しかし、この
「履行利益」が受任者が当該委任から得ていたであろう「報酬」と意味するかと
いうと、そうではないように思います（中田・前掲書541-542頁もそのように考
えているようです）。もっとも、おそらくここが一番分かりにくいところで、そ
の淵源は651条2項2号にいう「受任者の利益をも目的とする委任」が一体どの
ような委任を指しているのかが明確でないからです。ここには「歴史」が絡ん
でいます。

　まず、「受任者の利益をも目的とする委任」という概念は、大審院の時代から
用いられていたものですが、そこで主に想定されていたのは取立委任の事例です。
そして、このような事案を想定しつつ、「受任者の利益をも目的とする委任の場
合、委任者は委任を任意に解除することができない（＝651条1項の解除権は制
限される）」とされていました。ところが、最判昭和56年1月19日民集35巻1号
1頁の第1審及び原審は、取立委任とは全く異なる事案であるのに、その事案

における委任を「受任者の利益をも目的とする委任」と位置づけた上、解除を否定しました。これに対して、前掲最判昭和56年は、この事案における委任も確かに「受任者の利益をも目的とする委任」と解することは可能であるが、それまで想定されていた「受任者の利益をも目的とする委任」とは事案が全く異なっていたためか、この事案においては、委任者は委任を任意解除することができ、ただし、損害賠償をしなければならない、という新しいルールを作り出しました。すると、次の2つの疑問が生じます。

　第1は、「では、取立委任も解除できるのか」という問題です。しかし、前掲最判昭和56年は「委任者が委任契約の解除自体を放棄したものとは解されない事情があるときは……」という留保を付けており、取立委任は「解除自体を放棄したもの」と推認されるとするのが一般的な理解であるように思います。つまり、取立委任は、その理論構成こそ異なるものの、今も昔も解除は認められないのです（融資してほしいと頼まれたので、その担保を取立委任という形で取った債権者としては、「解除された場合は損害賠償を請求できる」というより、「そもそも解除できない」としてもらったほうがありがたいでしょうし、損害額の主張立証も含め、将来どうなるか分からない損害賠償では、担保に取った意味がないでしょう）。したがって、前掲最判昭和56年以前の世界において「受任者の利益をも目的とする委任」とされていた委任は、同判決後の世界では、不解除特約（＝解除権放棄特約）が推認される委任と位置づけられることが多いでしょうし、結局、651条2項2号が適用されそうな事案とは、最上級審判決を見る限り、前掲最判昭和56年くらいしか思いつかないように感じます。

　第2は、「では、そもそも前掲最判昭和56年とはどのような事案であったのか」という問題です。この事案の核心部分を端的にとらえた文献はあまりなく、また判例集を見てもよく分からないかもしれません。もっとも、前掲『民法Ⅳ』355-356頁は、しっかりと事案を紹介把握し、また記述の内容も優れています。

　この事案の実相は、ＡがＹに880万円融資し（＝消費貸借契約）、Ｙがその利息の一部をＡ所有の建物の管理を（無償で）する（＝委任）という形で支払う、というものです。

　Ａは鳶職の方で、自己の所有地に賃貸用のマンション（鉄筋コンクリート4階建て、16戸）を建て、不動産賃貸業に乗り出したのですが、その際、父親の友人であった不動産業者Ｙにいろいろと面倒をみてもらい、Ｙの紹介で建物全体を一括借り上げしてくれる不動産業者と賃貸借契約を締結しました（賃借人たる不動産業者は大手有名企業の子会社で、この建物を借り上げたのは親会社

96　【第2章】契約、債権総論（債務不履行等）

の従業員の社宅とするためです）。そして、Ａには当然不動産賃貸業のノウハウなどなく、そこで、賃料の徴収や建物の管理（修繕その他）、さらに賃借人（＝上記子会社）との種々の交渉等、すべてＹに任せたわけです（現在でも土地の所有者が建設会社から勧められて賃貸用のマンションを建て、建設会社にあらかじめ転貸を許可して一括賃貸する契約、すなわち、いわゆるサブリースはよく見かけます）。

　この契約におけるＹのうま味（＝対価）は、上記子会社がＡに差し出した880万円の保証金をＹが一定期間自由に使えることで、ＹはＡに別途利息も払っていますが、それだけではなく、建物の管理業務も無償で引き受けていました。ですので、実態は、ＡがＹに880万円を期間を定めて貸し付け（＝消費貸借）、その利息（の一部）としてＹが管理業務を引き受けた、というものです。

　ところで、この契約のうち、消費貸借の部分は期間の定めがあるものですので、本来、Ａは消費貸借を途中で解除できないはずです（５年ごとに更新されることになっていたのですが、前回の更新からまだ１年も経っていません）。しかし、前回の更新以来、ＡとＹは賃借人との関係をめぐってもめており、Ｙを信頼できなくなったＡはＹに対外的な対応（＝賃料の徴収、建物の修繕、賃借人との交渉等の顧客対応業務）を任せるわけにはいかないと考えたわけです。そこで、ＡはＹとの契約（第１審以来、この契約は「委任」と性質決定されています。）を解除しました。

　確かに信頼できない人に大切な賃借人に対する顧客対応を任せるわけにはいきませんので、Ａの解除を認めることには一理あるように思います。しかし、それでは期間の定めのある消費貸借が途中で打ち切られることになりますので、Ｙ（受任者、実は消費貸借の借主）としてはたまったものではありません。Ｙは別途資金調達をしなければならず、その借入のためには利息や手数料を払わねばなりませんし、またそれができなかった場合、さらに別の損害が発生する可能性もあります（前掲『民法Ⅳ』356頁参照）。そこで、Ａが解除をするのはやむを得ないとしても、ＡはＹに対して損害賠償をせよ（ここでいう「損害」とは、借入のための利息や手数料などを指します。）、というわけです（ただし、Ｙは建物の管理業務を免れていますので、その分の損益相殺はされるでしょう）。

　このように、事案の解決としては、前掲最判昭和56年は理解可能ですが、少なくとも典型的な「委任」とはいえず（いくつかの契約類型が混合したものでしょう）、そのためか、議論もまだまだ深められていないのが「現状」です。

【第 3 章】

債権総論、担保物権、不法行為等

98 【第3章】債権総論、担保物権、不法行為等

第9問　問　題

[問題] 次の文章を読んで、後記の〔設問1〕及び〔設問2〕に答えなさい。

I 　【事実】
 1．2014年4月1日、Aは、Bに対して100万円を貸し付け、同年5月10日を弁済期とする貸金（以下「甲債権」という。）を有することとなった。
 2．2014年5月1日、Aは、甲債権をCに譲渡し、Bに対して確定日付のある証書によってその旨の通知をした。この通知は、同月6日、Bに到達した。

II 　【事実】1及び2に加え、以下の【事実】3の経緯があった。
 3．2014年5月2日、Aは、甲債権をDにも二重に譲渡し、Bに対して確定日付のある証書によってその旨の通知をした。この通知は、同月6日、AのCに対する債権譲渡の通知と同時に、Bに到達した。

〔設問1〕 【事実】1から3までを前提として、以下の（1）に答えなさい。
（1）①甲債権に関する弁済がまだされていない時点におけるBC間及びBD間の法律関係を、Bの立場を確認しつつ、説明しなさい。
　　　②仮に、2014年5月20日、BがDに対して甲債権の弁済をした場合、CD間の法律関係がどうなるかを説明しなさい。

III 　【事実】1及び2に加え、以下の【事実】4の経緯があった。
　（前記【事実】3は存在しなかったものとする。）

４．2014年４月15日、ＢはＡに商品を販売し、同年５月20日を弁済期とする100万円の代金債権（以下「乙債権という。）を有することとなった。

〔設問２〕　【事実】１、２及び４を前提として、以下の（２）及び（３）に答えなさい。
（２）2014年５月20日、ＢはＣから100万円支払うように請求された。この場合、Ｂは甲債権と乙債権を相殺することで、Ｃの請求を拒むことができるか。
（３）仮に、【事実】１の以前から、ＢがＣに対して弁済期を2014年５月15日とする100万円の債権（以下「丙債権」という。）を有していたため、Ｃは、同月16日、Ｂに対して甲債権と丙債権を相殺する旨の意思表示をした、とする。この場合、乙債権の弁済期が到来した同月20日の時点において、Ｂは、甲債権と乙債権を相殺すると主張して、Ｃによる相殺の効力を否定することができるか。

【備考】
　〔設問２〕（３）に関連して、次のような《参考問題》も考えられます。解説会までに、この《参考問題》についても検討することをお薦めします。

《参考問題》
　仮に、乙債権の弁済期は2014年４月20日であった（つまり、乙債権の弁済期は甲債権や丙債権の弁済期よりも早かった。）、とする。この場合、同年５月16日にＣがＢに対して甲債権と丙債権を相殺する意思表示をした後であっても、Ｂは、甲債権と乙債権の相殺適状が甲債権と丙債権の相殺適状よりも先に到来していることを理由に、甲債権と乙債権を相殺すると主張して、Ｃによる相殺の効力を否定することができるか。

100 【第3章】債権総論、担保物権、不法行為等

第9問　参考答案と解説

〔設問1〕（1）について

　BC間及びBD間の法律関係はどうなるか（①）。甲債権が二重に譲渡されているため、その優劣が問題となる。（＊01）

　債権譲渡は、債権の譲渡人と譲受人との合意によってされるが、これを第三者に対抗するには確定日付のある証書による通知・承諾がされなければならない（467条2項）。したがって、債権が二重に譲渡された場合、対抗要件を先に具備した譲受人が優先する。（＊02）

　では、その先後は何によって判断されるか。〔設問1〕では、Cに譲渡された旨の通知がDに譲渡された旨の通知よりも先に発信されているものの、2つ通知がBに同時に到達しているため、問題となる。（＊03）

　467条は債務者への通知ないし債務者の承諾を債権譲渡の対抗要件としているが、それは債権の帰属や存否に関わる情報を債務者に集約した上、債務者を通じて公示するためである。すると、債務者が債権譲渡を認識できたか否かが基準とされるべきであるから、確定日付の先後でなく、通知の到達の先後によって優劣を決すべきである。（＊04）

　もっとも、〔設問1〕では、2つの譲渡通知は同時にBに到達している。（＊05）　すると、CとDは互いに自身に甲債権が帰属していると主張できないように見える。（＊06）　しかし、それではBが支払を免れることになる。（＊07）　他方で、Bが二重に弁済したり、支払を適切に分割する義務を負うべき理由もない。（＊08）　すると、CとDはともにBに100万円請求できるが、Bはいずれかに支払をすれば足りると考える。（＊09）（＊10）

　次に、BがDに弁済したとき、CD間の法律関係はどうなるか（②）。ここでも、CD間の優劣が問題となる。（＊11）

　上記①で確認したように、DはBに対して甲債権全額を請求することができ、またBのした弁済は有効である。（＊12）　すると、Dは100万円を保持することができ、CはDに何も請求できるなように見える。なぜなら、弁済

第9問　参考答案と解説　　101

は「法律上の原因」に当たり、さらに弁済を受けるのは違法でないから、D
について、不当利得も不法行為も成立しないからである。（＊13）

　しかし、DがBに全額を請求でき、またBがDに全額弁済できるのは、B
に不当な利益を与えたり、過大な負担を負わせないためであり（上記①）、
甲債権について、本来、CとDに優劣はないはずである。そして、Bが誰に
弁済したかによって、CD間の関係が入れ替わるのは適切でないから、公平
の原則に照らし、CはDに甲債権の半額（50万円）を請求できると考える。
（＊14）（＊15）

（以上、約1050字）

＊01：まず問題提起から始める。

＊02：条文を挙げて、規範（原則）を導く。

＊03：本問の特殊性を掲げ、問題提起をする。

＊04：条文の趣旨目的から、到達時説（最判昭和49年3月7日民集28巻2号
　　　174頁）を導く（確定日付説を採る場合には、到達時説の趣旨目的を
　　　論じた後、これに反論する形で自説の根拠づけをする）。

＊05：到達時説を本問に「当てはめる」。

＊06：到達が同時なら、本来、互いに優先することを主張できないはずであ
　　　る。

＊07：最判昭和55年1月11日民集34巻1号42頁参照。

＊08：債権譲渡に関わりのないBの立場を確認する。

＊09：結論をまとめる。

＊10：理論的にいうなら、BC間の甲債権とBD間の甲債権は、結果として
　　　「連帯債権」（432条）になるものと考えられよう。

＊11：ここでも問題提起から始める。

＊12：次に前提を確認する。

＊13：②で中心的かつ唯一の問題は、CがDに対して50万円請求できるか否
　　　かである。そして、このように問いが1つの場合には、①肯定説を採
　　　るときは、まず否定説を取り上げ、②また否定説を採るときは、まず
　　　肯定説を取り上げるのが自分の理解度を示すための「技法」ないし
　　　「呼吸」である。

＊14：このほか、肯定説の論拠として、最判平成5年3月30日民集47巻4号

102 【第3章】債権総論、担保物権、不法行為等

334頁（通知の到達が先後不明の事案について、同時到達と同様に解した上、各債権者は「公平の原則に照らし」供託所に案分した額しか請求できないとする。）を挙げたり、あるいはBがCとDを天秤にかけることで不当な利益を得る可能性があることを指摘してもよい（もっとも、試験の「現場」では、参考答案で挙げた理由以上の根拠づけをするのは困難であろう）。

＊15：肯定説を採るか、否定説を採るかは微妙であり、もちろん、否定説を採ってもよい。そして、その際には、次のような叙述となろう。

「①で確認したように、DはBに対して甲債権全額の弁済を求めることができ、またBのした弁済は有効である。もっとも、CとDに優劣はないから、CはDに対して50万円請求できてよいように思える。

（←否定説を採る場合には、まず肯定説を取り上げる。「＊13」参照。）

しかし、弁済は『法律上の原因』に当たり、さらに弁済を受けることは違法でないから、不当利得も不法行為も成立しない。のみならず、CもBに請求できたはずであり、そのCに先んじて弁済を受けたDはCに優先してよいはずである。したがって、CはDに対して何も請求できないと考える。

（←形式的理由だけでなく、実質的な論拠も挙げたほうがよい。なお、「早い者勝ち」という考え方については、詐害行為取消権に関する最判昭和37年10月9日民集16巻10号2070頁も参照。）

〔設問2〕（2）について

Cから弁済を求められたBは、甲債権と乙債権を相殺し、Cの請求を拒むことができるか。甲債権がCに譲渡されているため、問題となる。（＊16）

相殺は、二人が互いに同種の債務を負担していることを前提とするところ（505条1項本文）、甲債権がCに譲渡されているのに対し、乙債権はAB間のものであるから、「二人が互いに」という要件を欠き、Bの相殺は認められないように見える。（＊17）

しかし、甲債権の債務者であるBは、債権譲渡の対抗要件具備時よりも前に取得したAに対する債権による相殺をもってCに対抗することができる

（469条１項）。債権譲渡に関わることのない債務者を保護するためである。そして、もし甲債権が譲渡されていなければ、たとえ乙債権の履行期が甲債権の履行期より後であっても、乙債権の履行期後であれば、Ｂは甲債権と乙債権を相殺できたはずである。(＊18)　すると、ＢがＣに相殺を主張するには、通知がされた時点で自働債権である乙債権が発生していれば足り、甲債権と乙債権が相殺適状にあったり、乙債権の履行期が甲債権の履行期よりも先であることは要しないはずで、現に469条１項も債権の履行期の先後を問うていない。(＊19)

　したがって、甲債権の譲渡時にすでに乙債権が生じていた以上、Ｂは、乙債権の履行期後ならば（＊20）、甲債権と乙債権を相殺し、Ｃの請求を拒むことができる。(＊21)

（以上、約550字）

〔設問２〕(３)について

　Ｃが甲債権と丙債権を相殺した後でも、Ｂは甲債権と乙債権を相殺できるか。Ｃのした相殺の効力が問題となる。(＊22)

　Ｃに甲債権が譲渡されたことで、ＣはＢに対して甲債権を、ＢはＣに対して丙債権を、それぞれ有しており、Ｃは、甲債権の弁済期後であれば、甲債権と丙債権を相殺することができる。(＊23)　そして、相殺によって甲債権は消滅するから、その後、Ｂは甲債権と乙債権を相殺することはできない。(＊24)

　確かに甲債権が譲渡されても、Ｂは乙債権による相殺をもってＣに対抗できるはずである（469条１項）。しかし、甲債権の弁済期が到来しているなら、ＢはＣに弁済せねばならず、すると、丙債権との相殺という形で履行をさせられてもやむを得ない。(＊25)　加えて、Ｃが相殺した時点では、乙債権の弁済期はまだ到来していないから、Ｂは甲債権と乙債権を相殺できず、現実に弁済しなければならないはずである。(＊26)　したがって、Ｂは、Ｃの相殺の効力を否定できず、Ｃの相殺後に甲債権と乙債権を相殺することはできないと考える。(＊27)(＊28)

（以上、約400字）

104 　【第3章】債権総論、担保物権、不法行為等

＊16：ここでも、まず問題提起から始める。

＊17：相殺の可否が問題とされているので、まず相殺の要件との関係を論じる。

＊18：469条1項は無制限説を採った規定であるから、本来このような比較考量は不要であるが、469条1項の趣旨目的を説明する意味があり、自分の理解の「確かさ」を伝えるのに有用である。ただし、分量には注意すること。

＊19：469条1項の趣旨目的を説明するのは有用だが（前注「＊18」参照）、それ以上に「深入り」する必要はなく、469条1項が無制限説を採用したことを示す程度でよい。

＊20：自分の理解度を示すため、相殺が可能となる時期を明記したほうがよい。

＊21：なお、債権が譲渡された場合における債務者の抗弁については、包括的な規定は468条であるが、相殺については、468条をより具体化したものとして469条が設けられているので、469条を検討すれば足りる。また、本問の場合、469条1項だけで結論を導くことができるので、同条2−3項に言及する必要はない。

＊22：まず問題提起から始める。

＊23：Cからの相殺であるので、履行期が到来していなければならないのは、丙債権ではなく、甲債権である。

＊24：相殺には遡及効が認められるが（506条2項）、遡及効があろうとなかろうと、Cの相殺によって甲債権は消滅するから、その後、Bは甲債権と乙債権を相殺できないはずである。

＊25：Cの請求に対して、Bは、乙債権との相殺をするために、甲債権の弁済を拒むことは考えられる（ただし、この場合、Bは利息を負担することになる）。しかし、たとえばCがBに対して訴訟を提起し、勝訴判決後、債務名義に基づいて執行すれば、Cは現実に100万円を手にすることができ、その後、Bがすでに消滅した甲債権と乙債権を相殺することはできない。〔設問2〕（3）におけるCの相殺はBの弁済でもあるから、これと同じ理屈が妥当する。

＊26：この点が《参考問題》と異なる。そのため、〔設問2〕（3）に関する限り、学説の対立はない（後注「＊28」も参照）。

＊27：Cの相殺により、甲債権が消滅することが〔設問2〕（3）のポイントであり、そこから論理的に結論を導出すればよい。ただし、そのためには、Cの相殺が有効であること（つまり、相殺適状にあったこと。「＊23」参照）が要求される。

＊28：〔設問2〕（3）と異なり、《参考問題》では、乙債権の弁済期が甲債権や丙債権の弁済期よりも先に到来しているので、Bは、Cが相殺する前に、甲債権と乙債権を相殺することができたはずである（＝Bとしては、Cよりも先に相殺の意思表示をすればよかった）。また、乙債権は丙債権より先に弁済期に達しおり、相殺適状になった時点も早い。そして、相殺には遡及効が認められるため（506条2項）、《参考問題》については、見解が対立している。

　　判例通説は、相殺の意思表示の先後によって優劣を決定する（最判昭和54年7月10日民集33巻5号533頁）。つまり、Cの相殺の意思表示が先にされれば、甲債権は消滅し、その後、Bが甲債権と乙債権を相殺することはできないとする。

　　これに対して、有力説は、相殺には遡及効が認められることから、優劣の判断は相殺適状の先後によって決めるべきであるとし、Cが相殺の意思表示をした後でも、Bは甲債権と乙債権を相殺することができ、その結果、Bが相殺の意思表示をすれば、Cの相殺は効力を失う、とする。

　　もっとも、相殺に遡及効が認められるのは、相殺適状後に利息を発生させないためであり、Bは相殺できたのに、その意思表示をしていない以上、Cに劣後してもやむを得ないと考えられ、これが判例通説の立場である。

　　なお、本問と全く異なる問題であるが、賃借人が賃料を滞納し、賃貸人が賃料不払を理由に賃貸借契約を解除した場合、仮に賃借人が解除される前から賃貸人に対して（すでに履行期が来ている）債権を有しており、賃貸人による解除後にこの債権と賃料債権を相殺したとしても、相殺による両債権の消滅自体は認められるものの、解除の効果は覆滅しないとされている（最判昭和32年3月8日民集11巻3号513頁）。つまり、賃借人は相殺によって賃料債務を消滅させることができ、相殺適状の時から利息は発生しないけれども（＝遡及効）、賃料不払という債務不履行の事実そのものを消し去ることはできない、

というわけである。要するに、相殺の「遡及効」とは、直接的には「相殺適状後、利息を生じさせない」ための法律構成であって、これ以上の意味を持たせるかどうかは、個別の解釈に委ねられているのである。

第10問　問　題　107

第10問　問　題

〔問題〕次の文章を読んで、後記の〔設問1〕及び〔設問2〕に答えなさい。
　　　　なお、いずれの〔設問〕においても、共同不法行為にふれる必要
　　　　はない。

I　【事実】
　1．Aは建設作業員であり、建設業を営むBに雇われていた。Bは作業員
　　　の健康管理に注力しており、作業員には必ず定期的に健康診断を受診
　　　させ、さらに毎日の点呼の際にも、作業員の健康状態を確認するなど
　　　していた。
　2．2015年6月1日、Bは、ビルの賃貸業を営むCから、Cの所有するビ
　　　ル（以下「本件建物」という。）の外壁の改修工事を請け負い、Aを
　　　含む十数名の作業員を派遣して工事に取りかかった。
　3．2015年6月10日、Aは、本件建物の4階部分の外壁を改修していた最
　　　中、突然意識を失い、手に持っていたハンマーを下に落とした。ハン
　　　マーは、足場のパイプに当たって跳ね返って落下し、本件建物に近接
　　　する歩道を歩いていたDに当たり、Dは負傷した。
　4．後日判明したところによると、Aが突然意識を失ったのは脳血栓によ
　　　るもので、ただし、非常に発見しにくい部位に生じたものであったた
　　　め、精密検査によっても発見するのは極めて困難であり、またAに自
　　　覚症状は全くなかった。
　　　　他方、本件建物には、外壁を補修するため、パイプと金属板で本件
　　　建物の外側に足場が組まれ、さらにその外側に落下防止用のシールド
　　　が貼られていたが、シールドの接合部分の紐の一部がほどけて穴が空
　　　いており、ハンマーはそこを通って歩道に落下していた。ただし、B
　　　が雇った作業員のうち、どの作業員がそのような不十分な接合を行っ
　　　たかは判然としない。

108 　【第3章】債権総論、担保物権、不法行為等

〔設問1〕【事実】1から4までを前提として、以下の（1）に答えなさい。
（1）Dは、A、B、Cのそれぞれに対して損害賠償を請求したいと考えている。Dがその請求をする際に主張するであろう根拠を挙げた上、それぞれの請求の当否を検討しなさい。

Ⅱ　【事実】1から4までに加え、以下の【事実】5及び6の経緯があった。
　5．2016年6月10日に負傷したDは、受傷後直ちに救急車によってE病院に搬送された。E病院に到着した時点では、適切な治療がされていれば、Dの治療期間は1か月程度で、その損害額は100万円であった。
　6．しかし、E病院の担当医であるFの治療に手落ちがあったため、Dの治療期間は3か月に及び、その損害額は300万円になった。
　　　もっとも、Fの治療に手落ちがあったのは軽微なミスによるもので、Fに故意又は重大な過失は認められない。

〔設問2〕【事実】1から6までを前提として、以下の（2）から（4）までに答えなさい。
（2）仮にDがBに対して損害賠償を請求できるとすると、その額はいくらか。
（3）Dは、Eに対して損害賠償を請求したいと考えている。そのような主張は認められるか。また、仮に認められるとすると、賠償額はいくらか。
（4）世間体をはばかったEが、Dに対して損害賠償として300万円支払い、Dを当事者とする紛争は解決した、とする。この場合、Eは、B及びFに対して、どのような根拠に基づき、いかなる請求をすることができるか。

第10問　参考答案と解説　109

第10問　参考答案と解説

〔設問1〕（1）について

　Dは、Aに対して損害賠償を請求することができるか。不法行為の成否が問題となる。（＊01）

　Aは、ハンマーを落とすべきでないのに、これを落とすことによってDを負傷させており、DはAに不法行為責任（709条）を追及できるかのようである。（＊02）　しかし、その時Aは意識を失っているから、精神上の障害によって責任弁識能力がなかったと評することができ（713条本文）（＊03）、また自覚症状はなく、一時的にその状態を招いた（同条ただし書）とはいえない。したがって、DはAに対して損害賠償を請求することはできない。（＊04）

　では、Dは、Bに対して損害賠償を請求することができるか。BがAの被用者であるため、使用者責任（715条1項本文）がまず問題となる。（＊05）

　しかし、使用者責任は、被用者が不法行為責任を負うことを前提にした責任（代位責任）であるから（＊06）、被用者Aが責任を負わない以上、Bが使用者責任を負うことはない。（＊07）（＊08）（＊09）

　次に、Dは、シールドの接合が不十分であったことを理由に、Bに対して損害賠償を請求することができるか。土地工作物責任（717条1項）の成否が問題となる。（＊10）

　落下防止用のシールドは、本件建物の外側に組まれた足場に貼られており、足場は土地に接着し固定されているから、シールドを含め、全体として土地の工作物といえる。（＊11）　そして、シールドの接合は不十分であったから、瑕疵が存在し（＊12）、またこの足場はBが工事のために使用しているから、Bはその占有者といえる。（＊13）　そのため、Bは占有者として責任（717条1項本文）を負い、加えて、仮に必要な注意をしていたとしても、設置者であるBは所有者として責任を負う（同項ただし書）。したがって、DはBに土地工作物責任に基づき損害賠償を請求することができる。（＊14）

110 　【第3章】債権総論、担保物権、不法行為等

　では、Dは、Cに対して損害賠償を請求することができるか。CがDに工事を請け負わせたことから問題となる。(＊15)

　しかし、Cは建設業者であるBに工事を依頼しており、Bに請け負わせたこと自体を過失ということはできず、不法行為（709条）は成立しない。(＊16)　また注文者Cは、請負人Bを指揮監督する立場にないから、使用者責任を負うこともない（716条本文）。(＊17)　すると、仮にCの注文や指図に過失がないなら、DはCに対して損害賠償を請求することはできない（709条、716条ただし書参照）。(＊18)(＊19)

（以上、約950字）

＊01：まず問題提起から始める。

＊02：意識を失ったAには予見可能性や結果回避可能性がないから、このことを理由に過失そのものを否定する考え方もありうる。しかし、そうであっても、自身の理解の深さを示すため、713条に言及するのは「必須」であろう。

＊03：「精神上の障害」とは精神疾患に限られず、意識を失うことも該当する。
　　　もっとも、「①Aに過失はない（前注「＊02」）。②また意識を失うことは精神上の障害（713条）に当たらない」とした答案であっても、得点は与えている。

＊04：「過失」と「責任（弁識）能力」との関係については、「過失」概念の理解（＝主観的過失概念か客観的過失概念か）によって考え方は分かれる。したがって、いずれの理解を採ってもよいが、加害者に意識がない事案では713条に言及したほうがよかろう（前注「＊02」参照）。

＊05：ここでも問題提起から始める。

＊06：立法者は715条1項を使用者自身の過失に基づく**自己責任**と理解していたが（そのため、同項ただし書に設けられた）、今日では、使用者が被用者の負う責任を代わって負う**代位責任**とされており（その帰責の根拠は報償責任ないし危険責任に求められる）、使用者はたとえ十分な注意を払っていたとしても、免責されることはない（同項ただし書を適用した最上級審判決は、第2次大戦後は存在しない）。もっとも、使用者責任の近時のとらえ方については、後柱「＊39」も参照。

＊07：使用者責任においては、被用者が、責任弁識能力を含め、すべての責

任要件を満たしていることが前提とされている。そのため、11歳11か月の少年でも、「責任弁識能力がある」とされた。他方、監督者責任（714条1項）においては、加害者本人に責任弁識能力のないことが監督義務者の責任の要件とされているので（同項本文は「……責任無能力者が責任を負わない場合において……」としている。）、監督者責任を肯定するため、12歳2か月の少年でも「責任弁識能力がない」とされたことがある。

＊08：Dが負傷したのは、シールドの接合が不十分であったためであるから、不十分な接合をしたBの被用者がDに対して709条責任を負い、その被用者との関係でBが715条責任を負う、という構成はありうる。しかし、被用者を特定できない以上、Dはどの被用者に対しても責任追及することができず、その結果、Bにも715条責任を追及できないことになろう。

　もっとも、Bの被用者全員について、719条1項後段が成立すると考えた上、Bの715条責任を追及する、という構成は論理的には存在しうる。しかし、これはかなり高度な問題であり、〔設問〕では「共同不法行為にふれる必要はない」と指示している。

＊09：DがBに対して、715条責任でなく、直接709条責任を追及することも考えられる。仮にBが被用者に健康診断を受診させていない、あるいは毎日点呼を取っていない等の事情があれば、それをB自身の過失と考えるのである。しかし、本問の場合、Bにこのような過失は認められないであろう。

　またシールドの接合が十分であるかどうかについても、Bは確認すべきであり、定期的に見回る等の態勢が取られていないなら、Bの過失に当たり、709条が成立する。しかし、そもそも717条が成立するなら（＝当該施設が「土地の工作物」に当たり、「瑕疵」が認められ、そして、Bがその工作物の「占有者」であるなら）、DはBの709条責任より、717条責任を追及したほうが立証責任の面で有利であろう。

＊10：ここでも問題提起から始める。

＊11：717条1項の要件を個別に吟味する（＝当てはめ）。その際、理由づけを要するが、常識的なものであればよい（なお、土地に接着された自動販売機も「土地の工作物」とされる）。

＊12：「土地の工作物」に続き、「瑕疵」について当てはめを行う。

112 【第3章】債権総論、担保物権、不法行為等

＊13：「占有者」について当てはめを行う。

＊14：接合部分に穴があることは外形から確認可能であり、常識的に考えて、Bが「必要な注意をした」と評価されることはなかろう。したがって、占有者としての責任を肯定すれば十分であり、所有者としての責任にまでふれる必要はない。

　　　なお、パイプと金属板で組んだ足場は着脱可能であるから、本件建物に付合することはなく、Cの所有物にはならないし、工事のためにBが使用しているものであるから、占有者はBであって、Cではない。加えて、Bが設置した物であるから、その所有者はBである。

＊15：ここでも問題提起から始める。

＊16：DがCに対して不法行為責任を追及する場合、その根拠となるのは716条ただし書ではなく、709条である（716条ただし書は、709条に該当する具体例を例示したにすぎない）。そして、仮にCが工事を建設業者でなく、素人に請け負わせたとすると、注文の内容や指図に過失がなくても、素人に工事をさせたこと自体を過失と評価することは可能であろう（716条ただし書の「注文」を広く解し、この事例も同条ただし書に当たると解釈するなら、同条ただし書は709条そのものであることになる）。

＊17：716条本文は、注文者と請負人の間では715条が成立しないことを確認した規定であり（したがって、716条本文は無くても差しつかえない）、そのことを分かるように記述するのがポイントである。

＊18：716条ただし書は、注文者の責任を創設した規定ではなく、あくまで709条が成立する具体例を確認したにすぎない（＝716条ただし書がなくても、注文者の注文や指図に過失があり、これによって損害が発生したなら、注文者は709条責任を負うであろう）。つまり、716条本文は715条1項が成立しないことを念のために確認し、同条ただし書は709条が成立することを念のために確認した規定であり、716条は全体として不要ともいえる。

＊19：709条、715条、716条の相互関係を的確に示しているかがポイントである。

〔設問2〕（2）について

　DがBに対して損害賠償請求できる額はいくらか。賠償の範囲が問題とな

る。（＊20）

　もしDが負傷しなければ、DがE病院で治療を受け、Fのミスにより、300万円の損害を受けることはなかったはずである。したがって、Dが直接被った100万円の損害だけでなく、300万円の損害についても、シールドの瑕疵との間に事実的因果関係が認められる。（＊21）

　もっとも、Dの損害が300万円に拡大したのは、Bではなく、Fの行為によるものである。しかし、損害賠償の範囲は、通常生ずべき損害だけでなく、特別な事情による損害でも予見すべきものには及ぶ（416条類推適用）。（＊22）　そして、医療行為は高度な危険性を内包するものであるから、医師の軽微なミスによる損害の拡大は少なくとも予見すべきものといえる。（＊23）したがって、DはBに対して300万円請求することができる。（＊24）

〔設問２〕（３）について

　Dは、Eに対して損害賠償を請求することができるか。まず責任の成否が問題となる。（＊25）

　Dの損害が300万円に拡大したのはFのミスによるものであるから、FはDに対して不法行為責任（709条）を負う。（＊26）　そして、FはEの被用者であり、Eの事業の執行についてFはDの損害を拡大させているから、EはFの行為につき使用者責任（715条１項）を負う。（＊27）

　では、賠償の範囲はどうなるか。（＊28）　仮にFが適切な治療をしたとしても、Dには100万円の損害が発生したはずであり、すると、この部分の損害については、Fの治療ミスとの間に事実的因果関係はない。（＊29）　したがって、Fは200万円についてのみ責任を負い、Eが負うのはFが負うのと同じ内容の責任であるから、DがEに請求できるのは200万円となる。（＊30）（＊31）

〔設問２〕（４）について

　Dに300万円支払ったEは、B及びFに対してどのような請求をすることができるか。Eによる求償が問題となる。（＊32）

　まず、BがDに加えた損害は100万円であり、これを300万円に拡大させたのはFであるから、Bが最終的に負担すべき損害は100万円にとどまるはず

114　【第3章】債権総論、担保物権、不法行為等

である。（＊33）　そして、Eは、Dに対して200万円の債務しか負っていないのに（〔設問2〕（3）参照）、Bが負担すべき100万円を含めた300万円をDに支払うことで、BのDに対する債務を消滅させている（474条1項）。したがって、100万円については、EのBに対する事務管理（697条1項）が成立し、EはBに対して有益な費用として100万円の償還を請求することができる（702条1項）。（＊34）（＊35）

　次に、FとEはDに対して200万円の連帯債務を負っているが、Dの損害を拡大させた張本人はFであり、FはEとの雇用契約上の義務違反によってEに損害を与えたことになる。（＊36）　したがって、EはFに対して債務不履行（415条）を理由に200万円請求することができる。（＊37）（＊38）（＊39）

（以上、約1150字）

＊20：まず問題提起から始める。なお、「相当因果関係」や「保護範囲」という用語を用いてもよい。

＊21：「あれなければ、これなし」という定式の当てはめを行う。

＊22：判例理論であるが、もちろん、別の見解を採ってもよい。ただし、きちんと理由づけをすること。

＊23：どのような見解を採っても、結論に変わりはない。また、Fに故意又は重大な過失があった場合、Bの責任がFによって拡大された損害に及ばないことについても、判例学説はほぼ一致している。

＊24：ここでは、Bの責任の根拠を共同不法行為（719条1項前段）ではなく、717条に求めている。しかし、BとFとの共同不法行為と構成しても、Bの責任が300万円にまで及ぶという結論に変わりはない。

＊25：ここでも問題提起から始める。なお、より正確な問題提起をしてもよいが、分量の問題もあり、この程度でもよい。

＊26：本来であれば、権利侵害、過失、損害の発生、（事実的）因果関係という要件について当てはめをしたほうがよいが、Fの責任の成否を詳細に検討することが求められているわけではないので（＝出題趣旨）、この程度でもよい。

＊27：Eの使用者責任に関する当てはめは、もう少し丁寧にしたほうがよい

かもしれない（ここは時間との関係による）。

＊28：第２の問題提起である。

＊29：「あれなければ、これなし」の当てはめである。

　　　ところで、本問のように、損害額が明確に区分できる場合には、F
　　　（及びE）の損害賠償の範囲は限定されるが、損害が区分できない場
　　　合には、このような理屈は成り立たない。たとえばFの治療ミスによ
　　　りDが死亡したとすると（＝不可分一体の損害）、Bの賠償の範囲は
　　　Dの死亡まで及び、またF（及びE）の賠償の範囲もDの死亡まで及
　　　ぶ（Fの治療ミスがなければ、Dは死なずに済んだはずである）。そ
　　　のため、賠償の範囲は重なることになる。

　　　なお、厳密にいうなら、Fが治療する前にDがすでに負傷していた
　　　ことを理由に、F（及びE）が負う損害賠償の範囲は「Dの死亡によ
　　　る逸失利益－100万円」であるとの議論も論理的にはありうるが、死
　　　亡損害においては、一般にそこまで細かな議論はされていないようで
　　　ある。

＊30：厳密には、Fの負う損害賠償の範囲について416条類推適用等の議論
　　　をすべきところであるが、出題趣旨から考えて、詳論は要しないであ
　　　ろう。

＊31：ここでは、①Bは、Dに対して717条１項に基づいて300万円の債務を
　　　負い、②FとEは、それぞれ709条及び715条１項に基づいて200万円
　　　の債務を負い、③その結果、BとE及びFの債務は200万円の範囲で
　　　連帯債務になる、と考えている。そして、仮にBとE及びFにつき共
　　　同不法行為が成立すると解したとしても、責任の範囲はこのような部
　　　分連帯になるとするのが素直であろう。

＊32：ここでも問題提起から始める。

＊33：なお、Bが負う責任は使用者責任ではなく、工作物責任であり、Bが
　　　Aに求償することはできない。

＊34：Eの債務は200万円だが、残りの100万円についても、第三者弁済とし
　　　て弁済の効力が認められること（474条１項）、そして、EがBに請求
　　　できる額が100万円であることに疑いはない。しかし、問題はこの求
　　　償の根拠が事務管理であるか不当利得であるかである。

　　　もしEが自身の債務が200万円にとどまることを自覚しつつ（問題
　　　文では「世間体をはばかったEは」としている）、Cに300万円支払っ

たとすると、100万円については、他人のためにする意思（事務管理意思。697条の「他人のために」という要件）をもって弁済したといえるから、事務管理が成立し、ＥのＢに対する求償の根拠は702条1項であることになる（仮にＥによる弁済がＢの意思に反しているなら、同条3項が適用されるが、あまり想定できないし、本問の場合、どちらを適用しても結論に変わりはないであろう）。

　他方、仮にＥがＢとともに300万円について連帯債務を負っていると誤解して、Ｃに300万円支払っていたとすると、Ｅに事務管理意思は認められず、事務管理は成立しない。しかし、Ｅの弁済によってＢは100万円の利得を得ているので、Ｅは不当利得（703条）を理由にＢに対して100万円請求できることになる（不当利得の類型論によれば、いわゆる「求償利得」に当たる）。

　もっとも、仮に事務管理が成立しても、不当利得に基づく請求が排除されるわけではなかろうから、前者の事例でも不法利得という構成を採ってもよかろう。

＊35：なお、仮にＢがＤに対して300万円支払ったとしても、第三者弁済（474条1項）にはならない。なぜなら、ＢはＤに対して300万円の債務を負っているからである。ただし、第三者弁済にはならないにしても、ＢはＥやＦの負担部分である200万円について求償することができる。

＊36：Ｆは、ＥにＤに対する債務を負わせ、実際に弁済させているから、Ｆの債務不履行（415条）によって、Ｅには200万円の損害が生じている。もっとも、これを債務不履行でなく、ＦのＥに対する不法行為（709条）と構成することも可能である。

＊37：ＥのＦに対する求償の根拠は、715条3項ではない。同項はあくまで「……求償権の行使を妨げない」としているだけで、同項以外の根拠から求償権が生じることを前提としている。ＥのＦに対する求償の根拠は、Ｆの債務不履行ないし不法行為である（前注「＊36」参照）。

＊38：ＥのＢ及びＦに対する求償の根拠を442条に求める答案もあった。

　しかし、まずＢについていうなら、Ｂが負担すべき100万円に関して、Ｅ（及びＦ）はそもそも債務を負っておらず〔〔設問2〕（3）参照〕、連帯債務になっていない。したがって、ＥのＢに対する求償の根拠を442条に求めることはできない。

他方、ＥのＦに対する求償の根拠を442条に求めることは「一応」
　　可能であるが、その場合でも、ＥとＦとの負担部分について説明する
　　必要がある。そして、そうなると、前注「＊36」で示したＦの債務不
　　履行ないし不法行為に言及せざるを得ない。つまり、単に442条を挙
　　げるだけでは、説明として不十分である。

＊39：もっとも、ＥのＦに対する求償権の範囲が制限されることもある（最
　　判昭和51年7月8日民集30巻7号689頁）。加えて、被用者が被害者に
　　損害賠償をした場合、加害者に対するいわゆる「逆求償」も認められ
　　ている（最判令和2年2月28日民集74巻2号106頁）。つまり、使用者
　　固有の責任部分が認められたわけで、使用者責任を完全な「代位責
　　任」とすることは困難で、「自己責任」も内包していると解釈されは
　　じめている。そのため、ＥがＦに本当に200万円請求できるかは実は
　　疑わしい。

118 　【第3章】債権総論、担保物権、不法行為等

第11問　問　題

［問題］次の文章を読んで、後記の〔設問1〕及び〔設問2〕に答えなさい。

I 【事実】
1. 2014年9月1日、Aは、Bに対して2000万円を融資し、この貸金債権（以下「本件貸金債権」という。）を担保するため、Bの所有する時価2000万円の建物（以下「本件建物」という。）にAを抵当権者とする抵当権を設定し、その登記がされた。
　　本件貸金債権の弁済期は2015年8月31日とされ、またAの抵当権以外に本件建物に担保権は設定されていない。
2. 2015年4月1日、Bは、Cに対して本件建物を月額30万円の賃料で賃貸し（以下「本件賃貸借契約」という。）、本件建物をCに引き渡した。
3. 2015年7月末、Bは債務超過に陥り、同年8月31日が過ぎても、本件貸金債権について弁済はされていない。

〔設問1〕 【事実】1から3までを前提として、以下の（1）及び（2）に答えなさい。
（1）Aは、本件賃貸借契約から発生する賃料債権（以下「本件賃料債権」という。）を用いて、本件貸金債権を回収したい。Aが採りうる方法（ただし、AB間における新たな合意を必要としないものに限る。）を複数挙げ、それぞれについて説明しなさい。
（2）Aが本件賃料債権に目を付けたのは、2015年10月初旬であったが、その1か月前の同年9月5日、Bは同年10月分から2016年3月分までの6か月分の本件賃料債権（以下「6か月分の賃料債権」という。）をDに譲渡するとともに、Cに対して確定日付のある証書によってその旨の通知をしたが、6か月分の賃料債権につき、まだ弁済はされていない、とする。

この場合、Aが6か月分の賃料債権を用いて本件貸金債権を回収できるか否かを、上記（1）で検討した複数の方法ごとに検討しなさい。

Ⅱ 【事実】1から3までに加え、以下の【事実】4及び5の経緯があった。
4．2016年6月1日、BとCは、同年9月末日をもって本件賃貸借契約を解消し、CがBに本件建物を返還することで合意した。
5．2016年9月15日未明、Cのタバコの不始末により、本件建物は焼失した。ただし、Cには過失はあるものの、故意又は重大な過失は認められない。

〔設問2〕【事実】1から5までを前提として、以下の（3）及び（4）に答えなさい。
（3）Aは、Cに対して、不法行為を根拠に損害賠償を請求することができるか。
（4）仮に、AがCに対して不法行為責任を追及できないとすると、AがCに対して本件建物の時価相当額を請求するには、どのような方法が考えられるか。Aが採りうる方法を、① AB間において新たな合意を必要としないものと② AB間において新たな合意を必要とするものとに分けた上、それぞれについて説明しなさい。

【備考】
〔設問2〕（4）は、基礎プログラム民法Ⅲだけではなく、基礎プログラム民法Ⅱにも関わる問題です。

120 　【第3章】債権総論、担保物権、不法行為等

第11問　参考答案と解説

〔設問1〕（1）について

　Aは、本件貸金債権を回収するため、どのような方法を採ることができるか。BがCに対して本件賃料債権を有しているため、問題となる。（＊01）

　AはBに本件貸金債権を有する一方、BはCに本件賃料債権を有している。（＊02）　そして、本件貸金債権の弁済期が到来しているのに、BがAに弁済しないのは、Bが債務超過により資力を失っているためである。（＊03）　すると、Aは本件賃料債権を債権者代位権（423条1項）に基づきBに代わって行使し、Cから直接支払を受けて（423条の3前段）（＊04）、これを本件貸金債権の弁済に充てることができる。（＊05）（＊06）

　また、Aは本件建物の抵当権者である。（＊07）　そして、本件賃料債権は本件建物の価値がなし崩し的実現したものであり、物上代位の対象となる（372条、304条本文）。（＊08）　加えて、本件貸金債権の弁済期は過ぎており、この場合、抵当権の効力が法定果実に及ぶこと（371条）との均衡からも、Aは本件賃料債権に物上代位できると考える。（＊09）（＊10）（＊11）

（以上、約400字）

　＊01：まず問題提起から始める。

　＊02：次にABC間の関係について確認するが、債権者代位権にあっては、AがBの債権者であることに力点を置く。

　＊03：弁済期が到来していることを簡単に確認する。

　＊04：単に「債権者代位権を行使できる」とするより、直接支払を受けることができる等、行使の仕方にも簡単にふれたほうが丁寧であろう。

　＊05：Aは本件貸金債権の債権者である一方、仮にCがAに弁済をした場合、BはAにその返還を請求でき、Aはこの2つの債権を相殺して、本件貸金債権を回収することになる。

＊06：このような書き方ではなく、債権者代位権の要件を列記した上、その
　　　当てはめをする方法でもよい。問題は「そのような時間があるか」で
　　　ある。

＊07：事実関係を確認する際、物上代位にあっては、Aが本件建物の抵当権
　　　者であることに力点を置く。

＊08：賃料が抵当権の物上代位の対象となることについて、現在では争われ
　　　ていないが、かつては否定説も有力であった。したがって、理由づけ
　　　があったほうが丁寧であろう（ただし、その理由づけは簡易かつ標準
　　　的なものでよい）。

＊09：物上代位権につき、被担保債権の弁済期が到来していることは、一般
　　　論としては、要件とされていない。304条にそのような制限はなく、
　　　実際にもたとえば抵当権が設定された建物が火災によって滅失し、抵
　　　当権者が保険金請求権に物上代位するとき、弁済期が到来していない
　　　からといって、物上代位の可能性が否定されるわけではない。
　　　　しかし、賃料債権への物上代位は別である。抵当権の及ぶ範囲につ
　　　き、（法定）果実に関しては、不履行後に生じたものに限るとされて
　　　おり（371条。371条の位置づけについては、後注「＊10」及び「＊
　　　11」参照）、すると、法定果実である賃料につき、不履行前にも物上
　　　代位できるとするのは371条の趣旨に反する。加えて、抵当不動産の
　　　使用収益権は、不履行前は抵当権設定者に帰属しているはずで（369
　　　条1項参照）、このことからも賃料に対する物上代位は不履行前には
　　　認めるべきでない。

＊10：371条は、収益執行を根拠づけるための規定であって、物上代位に関
　　　する規定ではない（物上代位の規定は、あくまで304条〔→372条〕で
　　　ある）。物上代位を論じる際に、不用意に371条を挙げると、「誤解し
　　　ている」との印象を与えかねないので、注意したほうがよい。

＊11：〔設問1〕（1）の叙述が簡単なのは、〔設問1〕（2）とのすみ分けを
　　　意識しているからである。
　　　　なお、Aが本件貸金債権を回収する方法としては、抵当権の収益執
　　　行も考えられる。抵当権の実行方法としては、かつては競売のみ認め
　　　られていたが、その後、収益執行が認められ、その根拠づけを図るた
　　　め、371条が設けられた。したがって、「371条に基づいて本件貸金債
　　　権を回収する」とするのであれば、それが収益執行であることを明記

122 　【第３章】債権総論、担保物権、不法行為等

したほうがよい。

〔設問１〕（２）について

　Ｂが６か月分の賃料債権をＤに譲渡した場合、Ａはそれでもこの６か月分の賃料債権を利用して本件貸金債権を回収することができるか。債権譲渡とＡの権限との関係が問題となる。（＊12）

　まず、６か月分の賃料債権は将来発生する賃料債権であるが（＊13）、将来債権の譲渡も有効であり（466条の６第１項）（＊14）、ＢはＣに対して確定日付のある証書によって譲渡の通知をしているから、Ｄへの譲渡につき、対抗要件も具備されている（467条１‐２項）。（＊15）

　では、Ａは譲渡後も６か月分の賃料債権をＢに代わって行使することができるか。（＊16）　債権者代位権において、ＡがＢに代わって行使するのはＢの権利であるが、Ｂはすでに６か月分の賃料債権を譲渡しており、債権を有していない。したがって、Ａは６か月分の賃料債権を代位行使することはできない。（＊17）

　もっとも、Ｂは債務超過の中、Ｄに６か月分の賃料債権を譲渡している。（＊18）　すると、Ｄがこのことを知っていた場合、ＡはＢＤ間の債権譲渡を詐害行為取消権（424条１項）に基づき取り消せる可能性がある。（＊19）そして、仮に取消しが認められた場合、６か月分の賃料債権はＢに帰属するから、Ａは債権者代位権を行使できることとなる。（＊20）

　次に、物上代位にあっては、Ａが「その払渡し又は引渡しの前に差押えをしなければならない」（304条１項ただし書）とされているため、ＢＤ間の債権譲渡がこの「払渡し」ないし「引渡し」に当たるかが問題となる。（＊21）そして、抵当権に基づく物上代位にあっては、物上代位がありうることは抵当権の登記によって第三者も認識しうるから、「払渡し」ないし「引渡し」前に差押えが必要とされるのは、第三者のためではなく、もっぱら第三債務者を二重弁済の危険から保護するためと考えられる。（＊22）　したがって、単に債権が譲渡されただけで、弁済がまだされていないなら、「払渡し」ないし「引渡し」はされていないこととなり（＊23）、ＢＤ間で債権譲渡がされた後も、ＡはＣに対する６か月分の賃料債権を差し押さえ、本件貸金債権

の回収に充てることができる。（＊24）

（以上、約800字）

＊12：ここでも問題提起から始める。

＊13：ＢがＤに対して6か月分の賃料債権を譲渡したのは、2015年9月5日であるから、この時点で6か月分の賃料債権はまだ具体的には発生しておらず、将来債権といえよう（もっとも、異なる解釈もありえよう）。

＊14：466条の6は、最判平成11年1月19日民集53巻1号153頁の判例法理を明文化した規定である。

＊15：債権者代位権との関係では、Ｄが債権譲渡の対抗要件を具備していることまで確認する必要はないとも考えられるが、物上代位との関係ではふれる必要があるので、ここで一括して言及しておいたほうが「効率的」であろう。

＊16：まず債権者代位権について、問題提起する。

＊17：Ｂが6か月分の賃料債権を有していないことから、結論を導出する。

＊18：Ｂが債務超過に陥ったのは2015年7月下旬であり、他方、ＢからＤへの6か月分の賃料債権の譲渡は同年9月5日にされている。したがって、詐害行為取消権を検討すべきこととなる。

＊19：仮にＢが無資力であることをＤが知っていたとしても、たとえばＢＤ間の債権譲渡がＢのＤに対する債務の（代物）弁済としてされた場合、よほどの事情がない限り、詐害行為とはされない（424条の3第2項）。もっとも、このあたりの事情は問題文では明確でないので、可能性を指摘する程度でよい（＝出題趣旨）。

＊20：ＡがＢＤ間の債権譲渡（契約）を取り消した場合、6か月分の賃料債権はＢに帰属することになる。

＊21：ここでも問題提起から始めるが、どの条文のどの文言（＝要件）に関わる問題であるかを明確にしておいたほうがよい。

　　　なお、ＢＤ間では債権譲渡がされたに過ぎず、ＣからＤへの支払はまだされていないことまで指摘すれば、より丁寧である。

＊22：最判平成10年1月30日民集52巻1号1頁（いわゆる第三債務者保護説）。

＊23：たとえば動産売買の先取特権にあっては、抵当権と異なり、権利は公示されていないため、この場合の差押えには、第三債務者だけでなく、

124　【第3章】債権総論、担保物権、不法行為等

他の競合する債権者等を保護する趣旨も込められている、とされる（他の債権者が債務者から債権譲渡を受けた後に、先取特権者が物上代位できるとすると、債権の譲受人は不測の損害を被ることになる）。そのため、動産売買の先取特権にあっては、物上代位を行使するには、債権譲渡がされる前に当該債権を差し押さえなければならない（最判平成17年2月22日民集59巻2号314頁）。つまり、目的債権を譲渡することは、動産売買の先取特権にあっては「払渡し」ないし「引渡し」に当たり、他方、抵当権にあっては「払渡し」ないし「引渡し」に当たらないとされているのである。

＊24：最後に結論を述べる。

〔設問3〕（3）について

　Aは、Cに対して不法行為に基づき損害賠償を請求することができるか。不法行為責任の成否が問題となる。（＊25）

　Aは本件建物の抵当権者であり、他方、Cはタバコの不始末によって本件建物を焼失させた。したがって、CはAの抵当権を侵害している。（＊26）またCには過失がある。（＊27）　さらにBは債務超過であるから、本件建物が焼失したことにより、Aは本件貸金債権を回収することができず、損害を被っているといえる。（＊28）　そして、Cの行為とAの損害との間には因果関係が認められる。（＊29）　すると、AはCに対して不法行為責任（709条）を追及できるように思える。（＊30）

　しかし、本件建物が焼失したのは失火によるものであり、この失火について、Cには故意も重大な過失もない。（＊31）　すると、CはAに対して不法行為責任を負わないことになる（失火責任法1条）。（＊32）

（以上、約350字）

〔設問3〕（4）について

　AがCに対して本件建物の時価相当額を請求するには、どのような方法があるか。AがCに対して直接不法行為責任を追及することができないため、Cに対して誰がいかなる責任を追及できるかが問題となる。（＊33）

　賃貸借が終了した場合、賃借人は賃貸人に目的物を返還する義務を負う

（601条）。（＊34）　そして、Cが負う本件建物の返還義務は、本件建物の焼失によって履行不能となっており、またこの履行不能につき、Cには帰責事由が認められる。（＊35）　したがって、BはCに対して債務不履行に基づき損害賠償を請求することができる（415条2項1号、416条1項）。（＊36）

　すると、〔設問1〕（1）のとおり、Aは、AB間で新たな合意をしなくても（①）、BのCに対する損害賠償債権を債権者代位権（423条1項）に基づいて行使し（＊37）、また、この損害賠償債権は本件建物の「滅失」によって生じたものであるから、物上代位することができる（304条1項本文）。（＊38）

　次に、AB間で新たな合意を必要とする方法（②）としては、AがBからCに対する損害賠償債権を譲り受ける方法が考えられる（466条1項）。この場合、BからCに譲渡の通知がされると、AはCに対してその支払を請求することができる。（＊39）

（以上、約450字）

＊25：ここでも問題提起から始める。

＊26：709条の要件を「①……、②……、③……」といったように列記した上、当てはめをする書き方でも、もちろん、よい。

＊27：故意過失について、問題文を使って、当てはめをする。

＊28：損害について、当てはめをする。Bが債務超過であることがポイントである。

　　　なお、仮にBに十分資力があるとすると、AはBから本件債権を回収することができるので、Aの損害を認定するのは困難であろう（ただし、その場合でも物上代位は可能である）。

＊29：因果関係について、当てはめをする。

＊30：709条の要件が満たされていることを摘示する。

＊31：問題文を使う。

＊32：正確には「失火の責任に関する法律」。

＊33：問題提起から始めるが、最初に考え方の骨格を示すのが簡明であろう。

＊34：このような一般論でもよいし、問題文のBC間の合意からこの義務を導いてもよい。

126 　【第3章】債権総論、担保物権、不法行為等

＊35：Cには、失火につき、過失がある。

＊36：失火責任法は、債務不履行責任（契約違反に基づく責任）を免れさせ
　　　るものではない（最判昭和30年3月25日民集9巻3号385頁）。

＊37：債権者代位権については、〔設問1〕（1）と同じであるから、簡単で
　　　よい。

＊38：物上代位については、〔設問1〕（1）と異なり、根拠は「賃貸」では
　　　なく、「滅失」である。このことは明記する必要がある。

＊39：確定日付のある証書等の詳細については、特に論じる必要はなかろう。

第12問　問　題　127

第12問　問　題

〔問題〕次の文章を読んで、後記の〔設問1〕、〔設問2〕及び〔設問3〕に
　　　　答えなさい。

I　【事実】
　1．2016年6月1日、Aは、Bに対して2000万円を融資し、この債権（以
　　　下「a債権」という。）を担保するため、Bの所有する時価2000万円
　　　の建物（以下「甲建物」という。）にAを抵当権者とする抵当権が設
　　　定され、その登記がされた。
　　　　a債権の弁済期は2016年10月31日とされ、またAの抵当権以外に甲
　　　建物に担保権は設定されていない。
　2．2016年10月1日、甲建物の斜向かいにある区画で、建設業者Cが建物
　　　の建築工事を始めた。工事の音がうるさかったので、BがCに文句を
　　　言ったところ、Cの従業員でこの工事の現場監督をしていたDがこれ
　　　を知り、日頃から工事にクレームをつけてくるBの態度に腹を立てて
　　　いたDは、同月31日の夜、工事現場にあったガスバーナーを使って甲
　　　建物に放火をし、甲建物を焼失させた。

　〔設問1〕【事実】1及び2を前提として、以下の（1）及び（2）に
　　　　　　答えなさい。
　（1）Bは、誰に対して、どのような請求をすることができるか。
　（2）Aは、甲建物の抵当権者であったことに基づいて、a債権を回
　　　　収したいと考えている。Aが採りうる法的手段を説明しなさい。

II　【事実】1及び2に加え、以下の【事実】3から6までの経緯があった。
　3．2016年12月、甲建物をめぐる上記の事件は、CがBに2000万円の賠償

128　【第 3 章】債権総論、担保物権、不法行為等

をし、Ｂがその金を α 債権の弁済に充てることで、ABC 間では解決がされた。

4．2017年 6 月 1 日、ＢはＡに対して新たな融資の申入れをし、Ａは、Ｂに対して1500万円の融資をするとともに、この債権（以下「β 債権」という。）を担保するため、Ｂの所有する時価3000万円の建物（以下「乙建物」という。）に、Ａを抵当権者とする被担保債権額1500万円の抵当権が設定され、その登記がされた。

　　　β 債権の弁済期は2017年10月31日とされ、またＡの抵当権以外に乙建物に担保権は設定されていない。

5．2017年 6 月 1 日、Ｂは、β 債権につき、Ｅに対してＢの保証人になるよう依頼をし、Ｂから委託を受けたＥは、同日、Ｂの保証人になる旨の保証契約を書面によりＡとの間で締結した。

6．2017年11月 1 日、ＡはＢに対して β 債権について弁済をするよう催告したが、Ｂが弁済をしなかったので、ＡはＥに保証債務の履行を求めた。そこで、ＥはＢに対してあらかじめ「これから弁済をする」旨の通知をした上、Ａに弁済をし、弁済後、Ｂに対して「弁済をした」旨の通知をした。

〔設問 2 〕　【事実】1 から 6 までを前提として、以下の（3）に答えなさい。

（3）BE 間の法律関係を、求償権と弁済による代位との関係にもふれつつ、説明しなさい。

Ⅲ　【事実】1 から 6 までに加え、以下の【事実】7 の経緯があった。

7．2017年11月15日、ＢはＦに対して乙建物を1500万円で売却して引き渡し、現在、乙建物にはＦが居住している。ただし、ＦからＢへの代金の支払はまだされていない。

〔設問 3 〕　【事実】1 から 7 までを前提として、以下の（4）に答えなさい。

（4）①Eは、乙建物の抵当権に基づいて、BのFに対する売買代金
債権につき、どのような主張をすることが考えられるかを確認
した上、②その主張に対するFの反論を挙げ、③EF双方の主
張の当否を検討しなさい。

130 【第3章】債権総論、担保物権、不法行為等

第12問　参考答案と解説

〔設問1〕（1）について

　Bは、誰に対してどのような請求ができるか。甲建物が焼失していることから、問題となる。（＊01）

　甲建物が消失したのは、Dが放火したためである。①放火は違法な行為であり、②Dには故意が認められるとともに、③Bには甲建物が焼失するという損害が生じており、④Dの違法行為とBの損害との間には因果関係が存在する。（＊02）　したがって、BはDに対して2000万円の損害賠償を請求できる（709条）。（＊03）

　では、BはCに対して同様の請求ができるか。DがCの従業員であることから、問題となる。（＊04）

　Dは、Cの現場監督であり、従業員でもあるから、Cの被用者といえる。（＊05）　そして、確かにDの放火は勤務時間外に行われているが、Cの建築工事に起因してされたものであり、また工事現場のガスバーナーが使われているので、「事業の執行について」されたものといえる。（＊06）（＊07）　したがって、Bは、Dに対して使用者責任（715条1項）に基づき、2000万円の損害賠償を請求できる。（＊08）（＊09）

〔設問1〕（2）について

　Aは、甲建物の抵当権者であったことに基づき、a債権を回収したい。Aには、どのような方法が考えられるか。（＊10）

　Aは抵当権者であり、また甲建物はDの放火によって滅失しているから、Aは物上代位を行使することが考えられる（372条、304条1項本文）。（＊11）　そして、BのC及びDに対する損害賠償請求権は、〔設問1〕（1）のとおり、甲建物の滅失に基づき生じたものであるから、Aの物上代位の対象となる。（＊12）　ただし、物上代位するためには、CないしDがBに実際に賠償金を支払う前に、AはBの損害賠償債権を差し押さえなければならない

第12問　参考答案と解説　131

（304条1項ただし書）。（＊13）（＊14）

（以上、約700字）

＊01：まず問題提起から始める。

＊02：709条の要件について当てはめを行う。

＊03：結論を記す。

＊04：ここでも問題提起から始める。

＊05：「被用者」（715条1項）という要件について検討する。

＊06：続いて「事業の執行について」（715条1項）という要件について検討する。

＊07：事実的不法行為においては、学説によれば、事業との関連の度合いが判断基準とされるので、そのような事情を挙げる。また、判例理論は、事実的不法行為においてもいわゆる外形理論を採っているが、実際に考慮されている要素は学説と変わりないように思われる。

　　　なお、本問の場合、仮に工事現場のガスバーナーが使われていなかったとしても、Dの放火は建築工事をめぐる諍いを原因とするものであり、「事業の執行について」という要件は満たされていると判断されるであろう。

＊08：最後に結論を記す。

＊09：なお、Dの債務とCの債務は連帯債務となる。

＊10：ここでも問題提起から始める。

＊11：物上代位を論ずる際、「滅失」が根拠となることを明記したほうがよい。

＊12：304条1項本文に関する検討をする。

＊13：304条1項本文に続いて、同項ただし書に言及する。

＊14：なお、債権者代位権（423条1項）にふれる必要はない。債権者代位権はAがBの債権者であることに基づいて行使される権利であり、他方、〔設問1〕（2）では「甲建物の抵当権者であったことに基づいて」行使される法的手段が問われているからである。

　　　また、抵当権侵害に基づく不法行為責任の追及も考えられるが、Bに資力がある場合、Aに損害が生じているかについては疑問もあるので、やはり物上代位が適合的な手段といえよう。

132 【第3章】債権総論、担保物権、不法行為等

〔設問2〕（3）について

　BE 間の法律関係はどうなるか。保証人Eが債権者Aに弁済をしているため、問題となる。（＊15）

　Eは、Bの委託を受けた保証人であり（＊16）、Bに対して弁済の催告をしたAから保証債務の履行を求められ（＊17）、事前の通知をした上、弁済をし、さらに事後の通知もしている（463条1項及び同条3項参照）。（＊18）したがって、EはBに対する求償権を取得する（459条1項）。（＊19）

　また、Eは債務者Bのために弁済をしており、債権者Aに代位する（499条）。（＊20）　Eは保証債務を負っているから、「弁済をするについて正当な利益を有する者」であり（＊21）、法律上当然に代位し、467条所定の手続は必要とされない（500条参照）。そして、弁済による代位によって、Aが有していた権利はすべてEに移転するから（501条1項）、β債権はEに移転し、またEは乙建物の抵当権者となる。（＊22）

　では、この場合、Eの求償権と弁済による代位との関係はどうなるのか。（＊23）

　弁済による代位は、求償権を確保するための制度である。すなわち、Bに対する一般債権者がいた場合、求償権のみでは、Eはそれらの一般債権者と同じ順位で乙建物から債権回収することになるが、これではEのAに対する弁済が円滑にされない可能性があるので、AがBの一般債権者に優先するのと同じ範囲で、Eを優先させたものである。（＊24）　したがって、EがBに対して実際に請求できる額は求償権によって定まり、そのうち、EがBの一般債権者に優先できる範囲は弁済による代位により決まることになる。（＊25）

（以上、約650字）

　＊15：ここでも問題提起から始める。

　＊16：求償権の根拠条文を確定する上でも、委託の有無は確認したほうがよい。

　＊17：AがBに催告しているので、Eに催告の抗弁（452条）は認められない。なお、問題文からして検索の抗弁（453条）が問われていないこと

は明らかだが（この点を問いたいなら、Bの資力に関する記述があるはずである）、念のため、言及する程度ならよい（ただし、Eが検索の抗弁を主張しなかったからといって、Eの求償権の範囲が制限されるわけではない）。

＊18：問題文では、Eの一連の行為が明記されている（前注「＊17」の検索の抗弁と比較）。したがって、書き方はともかくとして（「Eは弁済によって求償権を取得し〔459条1項〕、事前及び事後の通知をしているから、求償権が制限されることもない」という書き方でも、もちろん、よい）、これらの行為については言及したほうがよかろう。

＊19：根拠条文を挙げる（なお、求償権の範囲〔459条2項〕にふれてもよい）。

＊20：求償権に続き、弁済による代位の検討に移る（そもそも〔設問2〕（3）では、「求償権と弁済による代位との関係にふれつつ」とされている）。

＊21：「必須」ではないが、代位の手続についても「簡単に」ふれておいたほうが丁寧であろう。

＊22：結論を記す。

＊23：ここでも問題提起から始める。

＊24：弁済による代位の制度趣旨を説明する（ただし、詳しくなくてもよい）。

＊25：最後に結論を記す。

〔設問3〕（4）について

　Eは、BのFに対する売買代金債権についてどのような主張をすると考えられるか（①）。Eが乙建物の抵当権者であることから、問題となる。（＊26）

　物上代位は、目的物の滅失のみならず、売却によって債務者が受けるべき金銭にも及ぶ（304条1項）。（＊27）　すると、EはBのFに対する売買代金債権に物上代位することが考えられる。（＊28）

　他方、Fとしては、乙建物がFに譲渡された後も、Eは乙建物の抵当権者であるから、あえてEに物上代位を認める必要はない、と反論すると考えられる（②）。（＊29）

　では、EとFのいずれの主張が正当か（③）。（＊30）

134　【第3章】債権総論、担保物権、不法行為等

　確かに、372条が準用する304条1項では、目的物を売却した場合にも物上代位が認められている。しかし、304条1項は、いわゆる追及効がない動産売買の先取特権（333条参照）にも適用され、まさにそのような場合には、担保権の実効性を確保するため、売買代金債権に物上代位を認める必要があるが、抵当権の場合、BからFに乙建物が譲渡された後も、Eは抵当権者であり続けるから、Eに重ねて物上代位を認める必要はないものと考える。（＊31）　したがって、Eの物上代位は認められない。（＊32）

（以上、約500字）

＊26：まず問題提起から始める。

＊27：最初に根拠条文を上げる。

＊28：①は「確認した上」としているので、この程度でよい。

＊29：②は「反論を挙げ」とされているだけで、EF双方の主張の当否は③で検討されることになる。したがって、②については、この程度でよかろう。

＊30：ここでも問題提起から始める。

＊31：自分の立場を、理由づけをもって示す（理由づけがあれば、結論は逆でもよい）。

　なお、この理屈からいえば、BF間の譲渡により、抵当権の追及効が及ばなくなる特段の事情がある場合（たとえば売買目的物が乙建物それ自体ではなく、乙建物の付加一体物をなしていた動産であり、Fにおいて即時取得が成立する場合）には、例外的に物上代位を認めてよいことになるが、本問でそこまでふれる必要はない。

＊32：最後に結論を記す。

●コラム3：民法に愛はあるか

人生には3つの坂がある
　　　上り坂
　　　下り坂
　　　そして　まさか

これまで司法試験の民法に愛（Ⅰ）はなかった
本書も同様である
しかし　令和6年の民法には愛（Ⅰ）がある

愛とは

＊LOVOTは愛されるために生れてきたロボット（LOVE×ROBOT）です。
＊着用している麦わら帽子は撮影用のものです。手製ないし公式ショップ以外で販売されている衣装等は機器の作動に支障を来すおそれがあります。
＊プライバシー保護の観点から、お名前は非公表とさせていただいております。

【第4章】

親族、相続

138　　【第4章】親族、相続

第13問　問　題

[問題] 次の文章を読んで、後記の〔設問1〕、〔設問2〕及び〔設問3〕に答えなさい。

I　【事実】

1．1965年、AはBと結婚し、AとBの間には、1970年にCが、1975年にDが、それぞれ誕生した。

2．1995年、CはEと結婚し、CとEの間には、2000年にFとGという双子が誕生した。

3．2005年、Cは死亡し、その後、Eは再婚をせずに、F及びGと3人で暮らしている。

4．2010年、Bは死亡し、その後、Aは再婚しないまま、2015年4月1日に亡くなった。Aの直系尊属は、Aが亡くなる前に、すでに死亡しており、またAに兄弟姉妹はいない。

5．なお、Dは現在に至るまで独身であり、子どもはいない。

〔設問1〕【事実】1から5までを前提として、Aを被相続人とする相続における相続人とそれぞれの相続人の相続分を説明しなさい。

II　【事実】1から5までに加え、以下の【事実】6及び7の経緯があった。

6．2015年4月10日、Aが死亡する以前からDに対して融資をしていたHは、Aの相続財産である土地（以下「甲土地」という。）の共有持分をDが相続によって取得したと主張して、Dに相談しないまま、HがDの債権者であることを理由に、甲土地についてDの共有持分の登記をした上、その共有持分を差し押さえた。

7．2015年４月15日、Dは、Aを被相続人とする相続につき、所定の手続に従い、家庭裁判所に相続放棄の申述をした。

〔設問2〕【事実】1から7までを前提として、甲土地に関するF及びGとHとの関係を説明しなさい。

Ⅲ　【事実】1から5までに加え、以下の【事実】8から10までの経緯があった。
　　（前記【事実】6及び7は存在しなかったものとする。）
　8．2015年４月20日、Dは形式の整ったAの自筆の遺言書を発見した。その遺言書には、「すべての財産は孫であるFとGに譲る」と記されていたため、まずいと思ったDはこのAの遺言書をDの自宅に持ち帰って隠した。
　9．2015年４月30日、Dは、Aの相続財産である建物（以下「乙建物」という。）について、相続によってその共有持分を取得したと主張して、自分（＝D）名義の共有持分の登記をした。
　10．2015年５月20日、DがAの遺言書を隠していたことが発覚した。

〔設問3〕【事実】1から5までと8から10までを前提として、以下の（1）及び（2）に答えなさい。
　（1）乙建物に関するDとF及びGとの関係を説明しなさい。
　（2）仮に、DがAの遺言書を隠したことが発覚した時点では、すでにDは自分の共有持分をJに対して売却する旨の契約を締結し、さらにDJ間で共有持分の移転登記がされていた、とする。この場合、乙建物に関するF及びGとJとの関係がどうなるかを説明しなさい。

140 【第4章】親族、相続

第13問　参考答案と解説

〔設問1〕について

　Aの相続人及びその相続分はどうなるか。Aの子CがAに先だって死亡しているため、問題となる。（＊01）

　Aの死亡時には、配偶者Bはすでに亡くなっており、Aの相続人はCとDのはずである（887条1項）。（＊02）　しかし、Dは生存しているものの、Cはすでに亡くなっており、Cが相続人となることはない。（＊03）　もっとも、Cには子F及びGがいるので、FとGがCを代襲して（887条2項本文）、Aの相続人となる。（＊04）（＊05）

　では、D、F、Gの相続分はどうなるか。（＊06）　FとGの相続分は、本来Cが相続するはずの相続分である（901条1項本文）。そして、CとD、及び、FとGの相続分はそれぞれ等しいものとされる（901条1項ただし書、900条4号本文）。（＊07）　したがって、Dの相続分は2分の1、FとGの相続分はそれぞれ4分の1となる。

（以上、約350字）

〔設問2〕について

　甲土地に関するF及びGとHの関係はどうなるか。Dが相続を放棄したことから、問題となる。（＊08）

　DはAの相続について2分の1の相続分を有しているから（〔設問1〕）、甲土地についても2分の1の共有持分を有し（＊09）、すると、Dの債権者Hがした Dの共有持分登記は真正なもので、Hの差押えは有効なはずである。（＊10）

　しかし、その後、Dは相続を放棄しており、相続放棄には遡及効が認められる（939条）。すると、Dは最初から共有持分を取得せず、Hの差押えには効力が認められないこととなる。（＊11）

第13問 参考答案と解説 **141**

　では、Ｈが保護されることはないのか。（＊12）　確かにＨは相続放棄に先んじて債権回収に努めている。（＊13）　しかし、相続放棄にあっては、遺産分割（909条）と異なり、第三者を保護する規定はない。（＊14）　また、遺産分割の実質がいわば共同相続人間での共有持分の譲渡であるのに対し、相続放棄をした者は最初から相続人でなかったことになる。（＊15）　のみならず、相続放棄は３か月以内にしなければならないから（915条１項）、期間制限のない遺産分割に比べ、利害関係人に及ぼす影響は少ない。（＊16）（＊17）　そのため、Ｄは甲土地について全く権利を有せず、Ｈの差押えに効力は認められないと考える。（＊18）

　したがって、甲土地の共有者であるＦとＧは、登記を備えていなくても、無権利者であるＤとＨに対して共有持分を主張し、ＤとＨの登記の抹消を求めることができる。（＊19）

（以上、約600字）

＊01：まず問題提起から始める。

＊02：次に、原則を示す。

＊03：「同時存在の原則」を知っていることを示す。

＊04：Ｃを代襲するのは、Ｃの子であるＦとＧであり、Ｃの配偶者であるＥがＣを代襲することはない（887条２項本文参照）。

＊05：子を代襲できるのは、被相続人の直系卑属に限られるが（887条２項ただし書）、ＦとＧがＡの直系卑属（＝孫）であることは明らかである。したがって、念のために検討するのはよいが、分量には注意すること。

＊06：ここでも問題提起から始める。

＊07：結論だけなく、条文を挙げつつ、論理的に結論を導く。

＊08：まず問題提起から始める。

＊09：共同相続の場合、相続財産は各相続人の共有となる（898条１項）。そして、判例通説（＝共有説）によれば、遺産分割を待つことなく、それぞれの相続人は個別の財産につき共有持分を有し、その持分を譲渡することができる。

＊10：問題提起の次に、原則を展開する。

＊11：遡及効からの帰結を論理的に導く。

142 　【第4章】親族、相続

＊12：中心となる問題点を検討するための問題提起（＝導入）である。

＊13：双方の論拠を挙げることで、自分の理解度を示す。

＊14：遺産分割（909条）との対比は、自分の理解を示す意味でほぼ「必須」ともいえる。ただし、簡潔にすること。

＊15：相続放棄の遡及効を貫徹する論拠は、複数考えられる。したがって、いずれの論拠を用いてもよいが、本問では、〔設問3〕で相続欠格が問われているので、〔設問3〕での検討を意識しつつ、適合的な論拠を挙げるのがよい。これが「問題の全体構造を見抜く目」であり、「上級編」である。

＊16：よく挙げられる論拠の1つである。

＊17：このほか、相続放棄における第三者が共有持分の譲受人ではなく、差押債権者であることも、遺産分割との違いとして挙げられることがある（ただし、これが説得的な論拠といえるかどうかは判然としない）。

＊18：ここで相続放棄と詐害行為取消権との関係について検討してもよいが、分量には注意すること。

＊19：現時点では「FとGは登記がなくても、DとHに共有持分を主張することができる」としていれば十分である（＝第三者の範囲に関する制限説）。

　　　なお、登記簿では、Dの共有持分の登記とこれに対するHの差押えの登記がされているはずであり、FとGは、Dに対しては共有持分の登記の抹消を、Hに対しては差押えの登記の抹消を、それぞれ求めることになろう。また、権利のない者の登記の抹消を求めることは保存行為（252条5項）に当たるから、FとGはそれぞれ単独でこの請求をすることができよう。

〔設問3〕（1）について

　乙建物に関するDとF及びGとの関係はどうなるか。DがAの遺言書を隠したことから、問題となる。（＊20）

　Aの子であるDは2分の1の相続分を有し（〔設問1〕）、乙建物についても同様の共有持分を有しているから、D名義の登記は有効なはずである。（＊21）　しかし、DはAの遺言書の内容を確認してまずいと思い、自己の利益を図るため、これを隠しているから、「隠匿」（891条5号）に当たる。（＊

第13問　参考答案と解説　　143

22）　すると、Dには欠格事由が認められ、最初から相続人でなかったことになる。（＊23）　したがって、乙建物はFとGとの共有となり、FとGは登記がなくても、無権利者Dに対して乙建物の共有持分を主張し、Dの登記の抹消を求めることができる。（＊24）（＊25）（＊26）

（以上、約300字）

〔設問3〕（2）について

　乙建物に関するF及びGとJとの関係はどうなるか。Dが共有持分をJに譲渡したことから、問題となる。（＊27）

　Dには欠格事由があるので、Dは乙建物の共有持分を有しない（〔設問3〕（1））。したがって、Jも共有持分を取得しないのが原則である。（＊28）

　では、Jが共有持分を取得することはないのか。（＊29）　登記に公信力はないから、仮にJがDの共有持分の登記を信じたとしても、それだけで共有持分を取得することはない。（＊30）　しかし、たとえばJがDの欠格事由を知らなかった場合はどうか。（＊31）

　確かに、相続欠格には、相続放棄におけるような期間制限はなく、第三者保護の要請は存在する。（＊32）　しかし、遺産分割と異なり、相続欠格の場合、相続放棄と同様、第三者を保護する規定はない。（＊33）　また欠格者が最初から相続人とされない点でも、相続欠格は相続放棄と同じである。（＊34）　したがって、やはりJは共有持分を取得できず、F及びGは、登記がなくてもJに対して共有持分を主張し、Jの登記の抹消を請求できると考える。（＊35）（＊36）

（以上、450字）

＊20：まず問題提起から始める。

＊21：問題提起に続き、原則を確認する。

　　　なお、共同相続人は、遺産分割前でも、自身の共有持分を単独で登記することができる（保存行為〔252条5項〕とされる）。

＊22：隠匿の目的が自分（＝D）の利益を図るためであることを確認したほ

144 　【第4章】親族、相続

うがよい（＝当てはめ）。

＊23：DがAの遺言書を隠したのは、Aの相続が開始した後であるが、相続
　　　欠格には遡及効があるとされ、Dは最初から相続人でなかったことに
　　　なる。

＊24：現時点では、ここまで正確に記す必要はなく、「乙建物はFとGの共
　　　有であり、Dに権利はない」といった程度の記述でもよい。

＊25：仮に、D、F、Gの間で遺産分割協議がされ、その結果、Dの共有持
　　　分に基づき登記がされたとしても、Dに欠格事由がある以上、Dに関
　　　する限り、その分割協議に効力は認められず、そのため、この結論に
　　　変わりはない。

＊26：Aの遺言に対し、本来、Dは、F及びGを相手方として、遺留分侵害
　　　額請求をすることができるはずである。しかし、Dはそもそも相続人
　　　ではなくなるので、遺留分侵害額請求をすることはできない。

＊27：ここでも問題提起から始める。

＊28：問題提起に続き、原則を確認する。

＊29：「例外はないのか」という問題提起に移る。

＊30：この部分は自明であるが、念のため、書いたほうがよかろう。

＊31：前注「＊29」から続く問題提起である。

＊32：双方の論拠を挙げることで、自分の理解度を示す。

＊33：相続放棄にも遺産分割にも遡及効が認められるが、第三者の扱いは異
　　　なる。そして、相続欠格にも遡及効があり、すると、ここで問われて
　　　いるのは、相続欠格における取扱いを相続放棄と遺産分割のどちらに
　　　寄せて考えるかである。したがって、相続放棄と遺産分割を比較対照
　　　した上、整合的な理由づけをもって結論を導いていれば、結論はどち
　　　らでもよい。

＊34：〔設問2〕の論拠と平仄を合わせる（＝これを見越して〔設問2〕の
　　　論拠を考える）。

＊35：ここも、現時点ではここまで正確でなくてもよい。

＊36：相続欠格における第三者保護については、32項1項後段類推適用説が
　　　学説上は有力なようである。そもそも相続人でなくなる点では、確か
　　　に相続欠格は、遺産分割と異なり、相続放棄に類似する。しかし、期
　　　間制限がなく、また第三者の典型例として譲受人が挙げられる点で、
　　　相続欠格は相続放棄と異なっている。そこで、善意の第三者（譲受

人）を保護するため、便宜的に32条1項後段を持ち出すわけである（そのため、類推適用とされる。そして、その際、類推適用を正当化するための根拠〔＝共通点〕として、戸籍〔≠登記簿〕への信頼という要素が挙げられることがあるが、これは相続放棄の場合でも同じであろう）。

　もっとも、このような学説が「基礎」、「基本」といえるかは疑問である（なお、相続放棄や遺産分割についても、学説上、32条1項後段の類推適用を説くものがある）。のみならず、よほどうまく表現しないと（＝相続放棄や遺産分割との対比を詳細かつ丁寧にしないと）、かえって誤解される可能性もあろう。

146 【第4章】親族、相続

第14問　問　題

［問題］次の文章を読んで、後記の〔設問1〕、〔設問2〕及び〔設問3〕に
　　　答えなさい。

Ⅰ　【事実】
　1．2015年2月に誕生日を迎え、15歳になったAは、母から贈与された土
　　地（以下「甲土地」という。）を所有していた。Aの母はAが幼いと
　　きにすでに亡くなっており、Aの唯一の親権者は父であるBであった。
　2．2015年4月、BはAの銀行預金を勝手に引き出し、自分（＝B）の借
　　金の返済に充てたり、遊興費に使ったりしたため、Aの母方の叔父の
　　申立てにより、家庭裁判所において、Bについて2年間の親権停止の
　　審判がされた。
　3．2015年6月、Bは、親権が停止されているのに、Aの代理人として、
　　甲土地をCに売却し（以下「本件売買契約1」という。）、AからCへ
　　の移転登記がされた。
　　　なお、Cは、本件売買契約1を締結した際、Bの親権が停止されて
　　いることを知らず、かつ、知らなかったことについて過失はなかった。

> 〔設問1〕　【事実】1から3までを前提として、以下の（1）に答えな
> 　　　さい。
> 　（1）AがCに対してAC間の移転登記の抹消を請求できるか否かを、
> 　　　①Aの主張の根拠と②Aの主張に対するCの反論を確認した上、
> 　　　③Aの請求の当否を検討しなさい。

Ⅱ　【事実】1から3までに加え、以下の【事実】4の経緯があった。
　4．2015年9月、Bは死亡した。Aは、Bの唯一の相続人であり、相続放

棄や限定承認をすることなく、所定の期間（915条1項本文参照）が
経過した。

〔設問2〕　【事実】1から4までを前提として、以下の（2）に答えな
　　　　　さい。
　（2）仮に、〔設問1〕（1）において、AのCに対する抹消登記請求
　　　が認められるとすると、ここに【事実】4が加わることによっ
　　　て、Aの抹消登記請求の帰趨がどうなるかを説明しなさい。

Ⅲ　【事実】1から4までに加え、以下の【事実】5及び6の経緯があった。
　5．Bは、生前、建物（以下「乙建物」という。）を所有していた。Aは、
　　Bが死亡したので、2015年10月、乙建物について相続を原因とするB
　　からAへの移転登記をした。
　　　なお、この移転登記につき、Aは、家庭裁判所で選任された未成年
　　後見人の同意を得ていた。
　6．2015年11月、AはBの形式の整った自筆の遺言書を発見した。その遺
　　言書には「乙建物はDに遺贈する」と記されていたが、同年12月、A
　　は乙建物をEに売却した（以下「本件売買契約2」という。）。
　　　なお、Aは、本件売買契約2についても、未成年後見人の同意を得
　　ていた。

〔設問3〕　【事実】1から6までを前提として、以下の（3）及び（4）
　　　　　に答えなさい。
　（3）DE間の法律関係を説明しなさい。
　（4）Aは未成年後見人の同意を得て、Eとの間で本件売買契約2を
　　　合意解除した上、乙建物の登記名義をDに移転したが、その後、
　　　乙建物がBの唯一の相続財産であることが判明した、とする。
　　　（a）この事実がDの法的地位に影響を及ぼすか否か、（b）仮
　　　に及ぼすとすると、具体的にどのような影響があるか、を説明
　　　しなさい。

148 【第4章】親族、相続

【備考】
　〔設問1〕（1）②、〔設問2〕（2）及び〔設問3〕（3）は、基礎プログラム民法Ⅳだけでなく、基礎プログラム民法Ⅰにも関わりのある問題です。

第14問　参考答案と解説

〔設問 1〕（ 1 ）について

　Aは、Cに対してAC間の移転登記の抹消を求めることができるか。甲土地の所有権の帰属が問題となる。（＊01）

　Bは、Aの親権者と称して、Aを代理し（824条）、Cに甲土地を売却した。（＊02）しかし、Bの親権は停止されており（834条の 2 ）、Bは代理権を有していないから、Aとしては、Bの代理行為の効果はAに帰属せず、そのため、甲土地の所有者であるAはAC間の移転登記の抹消を請求できる、と主張することが考えられる（①）。（＊03）

　これに対する反論として、Cは表見代理（112条 1 項）を主張することが考えられる（②）。（＊04）　なぜなら、BはかつてAの親権者として法定代理権を有しており、親権停止により一時的に代理権を失っているが、CはBをAの親権者と信じ、かつ、そのように信じたことに過失はないため、112条 1 項の要件を満たしているように見えるからである。（＊05）

　では、このCの反論は認められるか。112条の趣旨が問題となる。（＊06）

　確かに、112条 1 項の要件は満たされているようにも見える。（＊07）　しかし、本人が同条の責任を負うのは、代理権消滅後も代理行為を行うような者を代理人として選んだためであり、これに対して、BはAの法定代理人であって、AがBを代理人として選任したわけではない。（＊08）　また、ここで表見代理を認めたのでは、親権を停止したことの実効性が損なわれる。（＊09）　すると、112条の成立は認めるべきでなく、Aの抹消登記請求は肯定されると考える（③）。（＊10）

（以上、約600字）

＊01：まず問題提起から始める。

＊02：問題となる事実を簡略にまとめる。

150 【第4章】親族、相続

＊03：Ａの主張の根拠（①）を論理的かつ明確に記す。

＊04：結論を先に書いたが、論述の順序は逆でもよい。

＊05：112条１項の当てはめをする。その際、親権喪失ではなく、親権（の一時的な）停止に過ぎず、親権が復活する可能性があることにふれてもよい。

＊06：ここでも問題提起から入る。

＊07：112条１項の当てはめはこの部分でしてもよい。

＊08：112条の趣旨を明らかにした上、この事案との異同を確認する。

＊09：実質的な理由も挙げたほうがよいであろう。

＊10：結論は逆でもよい。その場合の書き方は、たとえば「確かにＢはＡの法定代理人であって、ＡがＢを代理人として選んだ事実はない。しかし、112条１項は特に法定代理を排除していない。また取引安全を図る必要性の面で、任意代理と法定代理で差はない。〔加えて、Ｂは親権喪失まで至っておらず、一時的に親権が停止されたに過ぎない。〕したがって、112条１項の適用ないし類推適用を認めてよく、すると、Ａの抹消登記請求は否定されることとなる」といったものになろう。

〔設問２〕（２）について

Ｂが無権代理行為をした後、死亡した場合、Ａの抹消登記請求はどうなるか。ＡがＢの相続人であるため、問題となる。（＊11）

本来、ＡのＣに対する抹消登記請求は認められるはずである（〔設問１〕）。（＊12）　そして、無権代理人Ｂは、Ｃが善意無過失であるため（＊13）、117条１項の責任を負うことになる。（＊14）

次に、Ｂは死亡し、唯一の相続人であるＡは所定の期間内に相続放棄も限定承認もしなかったので、単純承認したものとされる（921条２号）。（＊15）そのため、本人Ａは無権代理人Ｂの地位を相続する。（＊16）

では、この場合、Ａの抹消登記請求はどうなるのか。（＊17）

Ａは、本人としてＢの無権代理行為の追認を拒絶することができ、追認拒絶をしても、信義に反することはない。（＊18）　ただし、他方で、ＡはＢが負担する責任を相続し、Ｃに対して履行責任を負う（117条１項）。そして、その結果、Ａの抹消登記請求は認められなくなるように思える。（＊19）　し

かし、これではＡの追認拒絶を認めないのと同じこととなる。そこで、Ａは、特定物たる甲土地につき、履行責任を免れ、ＢがＣに対して負っていた損害賠償義務のみ相続すると考える。（＊20）　したがって、Ａの抹消登記請求は、ＡがＢを相続した後も認められることになる。（＊21）

（以上、約500字）

＊11：問題提起は的確にする。

＊12：〔設問１〕（１）でＡの抹消登記請求が認められないという結論を採った場合には、「仮に表見代理（112条１項）が成立しないとして」というふうに論述を続ける。

＊13：「ＣはＢを代理人と信じ、かつ、そのように信じたことに過失がないので」というのが正確な書き方だが、このことはすでに〔設問１〕（１）で示しているので、ここは「善意無過失」と簡略化してよかろう。

＊14：まず、【事実】４に入る前に、Ｂが死亡する前の法律関係を確認する。

＊15：Ａは未成年者であるから、915条１項所定の期間の起算点は、Ａの法定代理人（未成年後見人）がＡのために相続が開始したことを知った時である（917条）。ただし、【事実】４では「所定の期間（915条１項本文参照）が経過した」とされているので、あえてこのことにふれる必要はない（他方、【事実】５及び６では、未成年後見人の同意がないと、登記移転や本件売買契約２の効力に疑義が生じうるので、未成年後見人の同意を得たことにしている）。

＊16：結局、この著名な問題に還元される。

＊17：あらためて問題提起したほうが、「流れ」がよいであろう。しかし、すでに冒頭部分で問題提起しているので、この部分の問題提起は簡略なものでよい。

＊18：本人が無権代理人を相続した場合の「基礎」、「基本」である。

＊19：これも「基礎」、「基本」である。

＊20：理由づけをして、結論を導く。

＊21：問いに合わせた形で結論を記す。

152　【第4章】親族、相続

〔設問3〕（3）について
　DE間の法律関係は、どうなるか。乙建物の所有権の帰属が問題となる。
（＊22）
　Bは、乙建物をDに遺贈しており、Bの死亡時に効力が生じる（985条1
項）。（＊23）　そして、Bの相続人であるAは遺贈義務者であるから、乙建
物の登記をDに移転する義務を負う。（＊24）（＊25）
　他方、Aは、未成年後見人の同意を得て、乙建物の登記をA名義にした上
（＊26）、Eに売却した。すると、AはBの包括承継人であるので、DE間の
関係は、A（＝B）を起点とする二重譲渡であることになる。（＊27）　そし
て、Bの包括承継人であるAは、Dにとって「第三者」（177条）に当たらな
いから、Dは、登記がなくてもAに対して乙建物の所有権を主張することが
できるが（＊28）、Eとは対抗関係に立つので、登記がなければ、乙建物の
所有権を主張できないこととなる。（＊29）

（以上、約250字）

〔設問3〕（4）について
　乙建物がBの唯一の相続財産であったとすると、Dの法的地位はどうなる
か（a）。唯一の財産が遺贈されているため、問題となる。（＊30）
　Aは、Bの子であり、Bの相続財産について遺留分を有する（1042条）。
（＊31）　そして、乙建物はBの唯一の相続財産であるから、DはAから遺留
分侵害額の請求（1046条）を受けることになる。（＊32）（＊33）
　では、Dが受ける影響は具体的にどのようなものか（b）。（＊34）
　AはBの子であり、かつ、唯一の相続人であるから、Aの遺留分は相続財
産の2分の1であることになる（1046条1項2号）。そして、Aが遺留分侵
害額請求をしても、遺贈の効力自体は維持されるから、乙建物はDの単独所
有となるが（＊35）、AはDに対して乙建物の価格の2分の1に相当する金
銭の支払を請求することができる。（＊36）

（以上、約250字）

　＊22：まず問題提起する。

＊23：原則を確認する。

＊24：乙建物の所有権は、Ｂが死亡した時にＤに移転するが、登記を移転する義務はＡが負担する。

＊25：【事実】４で記したとおり、「所定の期間（915条１項本文参照）が経過した」ので、Ａは単純承認したことになる。

＊26：Ａ名義の登記は「虚偽」の登記ではない。Ａは、遺贈義務者として、乙建物の登記をＤに移転する義務を負っており、この義務を履行するには、乙建物の登記をあらかじめＡ名義にしておく必要がある。たとえば不動産が「Ｐ→Ｑ→Ｒ」と転売された場合、不動産の所有権がすでにＲに移転していたとしても、ＱはＰに対して登記の移転を求めることができ、Ｑ名義の登記がされても、それは「虚偽」の登記ではない。

＊27：ＡはＢの相続人（＝包括承継人）であるから、「Ａ＝Ｂ」と考えると、分かりやすい。

＊28：ＡＤ間の法律関係は問われていないので、厳密にいうと、この部分の叙述は不要である。もっとも、ＤＥ間の法律関係と対比する意味で、このような叙述があったほうが自分の理解度を示すことになろう。

＊29：単に「二重譲渡」とか「対抗関係」と書くよりも、具体化したほうがよい。

　　なお、より丁寧に、「Ｅも登記を得ない限り、Ｄに対して乙建物の所有権を主張することができない」との記述を追加してもよい。

＊30：まず問題提起する。

＊31：遺言書の偽造、変造、破棄、隠匿は、相続人の欠格事由とされ（891条５号）、Ａがこのような行為をしていたとすると、Ａは相続人とならず、遺留分も認められない。しかし、遺言に反する処分をしたからといって、それが直ちに遺言書の隠匿等に当たるわけではなかろう。

＊32：問いに合わせた形で解答しているが、「Ａは、Ｄに対して遺留分侵害額の請求をすることができる」としても、もちろん、よい。

＊33：〔設問３〕（４）では、本件売買契約２は合意解除されているから、遺留分侵害額請求の主体がＡであることは疑いない。しかし、仮に本件売買契約２が合意解除されていないとすると、遺留分侵害額請求の主体はＡであろうか、それともＥであろうか。

　　まず、1046条１項は、遺留分侵害額請求の主体を「遺留分権利者及

びその承継人」としている。そのため、Dに対して遺留分侵害額請求
をすべきは、Aではなく、Eではないのか、という考え方も出てくる。
そして、確かにAがDに譲渡したのが、乙建物ではなく、遺留分侵害
額請求権（という債権）であったなら、遺留分侵害額請求の主体は、
Aではなく、Eであることになろう。

　しかし、AがEに譲渡したのは、Dに対する遺留分侵害額請求権で
はなく、あくまで乙建物そのものである。すると、Dに対して遺留分
侵害額請求をできるのは、やはりAであることになろう（仮にEが乙
建物の所有権を取得できなかった場合、EはAに債務不履行責任を追
及することになる）。なぜなら、確かに最終的には本件売買契約２の
解釈（つまり、譲渡の対象が何であるかの解釈）に帰着することにな
るが、〔設問３〕（３）で検討したとおり、仮にEがDに先んじてAか
ら移転登記を受ければ、EはDに対して乙建物の所有権を主張できる
はずであり、にもかかわらず、譲渡の対象に遺留分侵害額請求権も含
まれていると解するのは、通常の売買当事者の意思から推して、いか
にも不自然であるからである（＝譲渡の対象は乙建物そのものであっ
て、それに尽きると解するのが契約の解釈として「素直」であろう）。

＊34：ここでも問題提起から入る。

＊35：遺留分侵害額請求は、改正前法の遺留分減殺請求と異なり、遺贈の効
　　　果自体を失効させるものではなく（つまり、いわゆる「物権的効力」
　　　を有する請求権ではない）、侵害額の価額弁償のみが認められる。

＊36：〔設問３〕（４）と異なり、仮に本件売買契約２が合意解除されず、か
　　　つ、乙建物の登記がEに移転された場合、ADE間の法律関係はどう
　　　なるか。

　　　まず、Eは乙建物の所有権を確定的に取得し、他方、Dは乙建物の
　　　所有権を確定的に失う。すると、DはAに対して遺贈義務違反を理由
　　　に損害賠償請求をすることになるが、本来、AはDに対して乙建物の
　　　価格の２分の１を遺留分侵害額請求に基づき請求できたはずである。
　　　したがって、DがAに対して実際に請求できる損害額は乙建物の価格
　　　の２分の１であることになろう。

第15問　問　題

[問題] 次の文章を読んで、後記の〔設問1〕、〔設問2〕及び〔設問3〕に
　　　　答えなさい。

Ⅰ　【事実】
　1．A（男）とB（女）は法律上の婚姻関係にあったが、AはC（女）と
　　　関係を持ち、1985年6月1日、CはAの子であるDを出産した。
　2．1985年6月3日、BはCがAの子であるDを産んだことを知って激怒
　　　したが、AB間には子供がいなかったので、やむなくDをAの跡取り
　　　にすべく、ABCが相談して、DをAB間に生まれた子であるとする
　　　虚偽の出生届を作成し、同月10日、その届出がされた。

> 〔設問1〕　【事実】1及び2を前提として、以下の（1）及び（2）に
> 　　　　　　答えなさい。
> （1）【事実】2の出生届に、Aによる認知の効力が認められるか否か
> 　　　を説明しなさい。
> （2）仮にDをA及びBの養子とする場合、①どのような手順を踏む
> 　　　ことになるかを確認した上、②【事実】2の出生届に養子縁組
> 　　　としての効力が認められるか否かを説明しなさい。

Ⅱ　【事実】1及び2に加え、以下の【事実】3から5までの経緯があった。
　3．2008年6月20日、Aは死亡した。AにはD以外に子はいなかった。
　4．2008年7月1日、Aの遺言書が発見された。Aの遺言書には、Aの所
　　　有する土地（以下「本件土地」という。）はAの兄弟であるEに与え
　　　る、と記されていた。
　5．2008年8月1日、BとDは本件土地をFに売却した（以下「本件売買

156 　【第 4 章】親族、相続

契約」という。）。

〔**設問 2**〕　【事実】 1 から 5 までを前提として、以下の（3）に答えな
さい。

（3）①本件土地を E に与えるとの A の遺言が、特定遺贈ないし特定
財産承継遺言のいずれであるかを確認した上、②仮に A の遺言
が有効であるとすると、EF 間の関係がどうなるかを説明しな
さい。

Ⅲ　【事実】 1 から 5 までに加え、以下の【事実】 6 から 8 までの経緯が
あった。

6. 2008 年 9 月 1 日、A の遺言書には、日付が記されていなかったため、
無効であることが判明した。また、同月 10 日、本件売買契約は BDF
の合意により解除された。

7. 2008 年 10 月 1 日、B は D に無断で D との遺産分割協議書を偽造し、本
件土地の登記名義を B の単独所有とした上、本件土地の占有を始めた。
同年 12 月、D はこのことに気づいたが、A を亡くした B が興奮状態に
あったので、しばらく冷却期間をおくことにした。

8. 2020 年 9 月 1 日、もう 10 年以上も経過したので、そろそろ頃合いであ
ろうと考えた D は、B に対して本件土地の登記を B と D の共有名義に
するよう請求した。

〔**設問 3**〕　【事実】 1 から 8 までを前提として、以下の（4）に答えな
さい。

（4）B は、D の請求に対して、①D の請求は自身（＝D）の相続権
が侵害されたことを知ってから 5 年以上経過してからされたも
のであるから、その請求権は時効によって消滅しているはずで
ある、②B は本件土地を自分の物として 10 年以上占有している
ので、本件土地の所有権を時効によって取得しているはずであ
る、と主張して、本件土地を D との共有名義にすることを拒ん

でいる。Bの主張が認められるかを、①と②のそれぞれについて説明しなさい。

158 　【第 4 章】親族、相続

第15問　参考答案と解説

〔設問 1 〕（ 1 ）について
【事実】　2 の虚偽の出生届に、Aによる認知の効力は認められるか。この出生届がAの意思に基づき作成され、届出がされていることから問題となる。（＊01）

　まず、Dは、AC 間に生まれた嫡出でない子であり、AB 間の嫡出子である旨の届出は虚偽であるから、この届出に効力は認められない。（＊02）　そして、嫡出でない子の場合、父が認知して、初めて父子関係が認められるところ（779条参照）、Aは認知の届出をしていないから、AD 間に親子関係は認められないように思える。（＊03）

　しかし、DがAの子であることは事実であり、かつ、上記出生届には、AがDを自身の子であることを認める意思が含まれているため、これに認知の効力が認められるかが問題となる。（＊04）　そして、①認知する者の子であるという事実と②認知の意思があれば、③届出により、認知は効力を有するのであるから、①②は満たされ、そして、③についても、様式は異なるものの、実際に届出がされている。（＊05）　したがって、上記出生届に認知としての効力を認めてよいものと考える。（＊06）

〔設問 1 〕（ 2 ）について
　Dを AB 間の養子とする場合、どのような手順が踏まれるのか（①）。（＊07）

　まず、Dが未成年者である一方、AB は法律上の婚姻関係にあるから、AB は共同してDと養子縁組をしなければならない（795条本文）。また、Dは15歳未満であるので、その法定代理人が養子縁組の代諾をすることになる（797条 1 項）。そして、本問の場合、嫡出でない子Dの法定代理人は親権者Cであるから、Cの代諾を要する。さらに、Dは未成年者であるので、縁組には家庭裁判所の許可が必要とされる（798条本文）。（＊08）

第15問　参考答案と解説　159

　では、上記の出生届に養子縁組の効力は認められるか（②）。上記①で確認した養子縁組の手順が実質的に確保されているかが問題となる。（＊09）

　上記出生届は、ABCが相談して届出がされたものであり、ABには共同してDを自らの子とする意思が、CにはDをABの子とする意思が、それぞれ認められる。したがって、ABの共同縁組をする意思とCの代諾は実質的に満たされている。（＊10）　しかし、裁判所の許可はされておらず、にもかかわらず、養子縁組の効力を認めると、縁組の適切さを判断する手続が潜脱されることになる。（＊11）（＊12）　したがって、上記出生届に養子縁組の効力は認められないと考える。（＊13）

　　　　　　　　　　　　（以上、（１）と（２）を合わせ、約950字）

＊01：まず問題提起から始める。

＊02：次に、原則を確認する。

＊03：これも原則である。

＊04：問題提起をする。

＊05：理由づけを挙げる。

＊06：結論を記す。

＊07：ここでも問題提起から始める。

＊08：養子縁組の要件を挙げる。なお、嫡出でない子の親権者が母であることを明定した条文はないが、たとえば819条４項はこのことを前提としている（ただし、改正819条４項本文でこのことが明定された）。

＊09：ここでも問題提起から始める。

＊10：要件に続き、「当てはめ」をする。

＊11：養子縁組の要件とそれが要求される根拠を示す。

＊12：このような理由から、〔設問１〕（２）においても、養子縁組の効力を認めないのが一般的である。もっとも、この事案に限っては、虚偽の嫡出届に養子縁組の効力を認める、との解釈論もありうる。「上級編」ではあるが、以下、簡単に解説しておこう。

　　　まず、PQ間に生まれたRにつき、XYの嫡出子とする届出がされても、この虚偽の嫡出届に養子縁組の効力は認められない。裁判所の許可がないからである。これに対して、〔設問１〕（２）の事案では、

160 【第4章】親族、相続

養子縁組はABとDとの間でされる形になっており（Dに代わって、Cが代諾）、Aから見て、Dは自分の子（＝嫡出でない子）であるから、Bから見れば、Dは配偶者であるAの子であることになる。そして、自己または配偶者の子を養子とする場合には、家庭裁判所の許可は要求されていない（798条ただし書）。そのため、〔設問1〕（2）の事案においては、家庭裁判所の許可がなくても、虚偽の嫡出届に養子縁組の効力を認めてよいとの解釈もありうることになる（上記のRの事案では、この理屈は成り立たないから、Rの事案においては、養子縁組の効力は認められない）。

もっとも、この理屈は、AD間に親子関係があることを前提としたものであり、これでは虚偽の嫡出届という1つの届出について、まずAの認知としての意味を認めた上、重ねてその嫡出届に養子縁組の意味を付与することになる。また、実質的に代諾しているとはいえ、虚偽の嫡出届にCの意思は全く表れていない（AB間に生まれたとの嫡出届であるから、AとBの意思は表現されているが、書面上、代諾者であるCの意思はどこにも記されていない）。そのため、学説にあっては、養子縁組の効力を認める見解も有力であるものの、実務では採用されていない。

なお、このような「高度な」議論は、現時点では全く求められていない。

＊13： もちろん、前注「＊12」のような考え方もありうる。しかし、それは参考答案で示した「基礎」、「基本」を的確に押さえた上で、前注「＊12」で挙げた理由づけをして議論すべき事項であり、水準を遙かに超えている。

〔設問2〕（3）について

本件土地に関するAの遺言は、特定遺贈と特定財産承継遺言のいずれであるか（①）。Eの法的地位が問題となる。（＊14）

Aの死亡により、相続人となるのは配偶者Bと子Dであり（887条1項、890条）、Eは相続人とならない（889条1項）。（＊15）　そして、特定財産承継遺言とは、遺産分割方法の指定（908条）の1つであり、共同相続人を対象としてされるものである。（＊16）　すると、Aの遺言を特定財産承継遺言

第15問　参考答案と解説　　161

と解する余地はなく、特定遺贈（964条）であることになる。（＊17）（＊18）

　では、この場合、EF間の関係はどうなるのか。Aの相続人であるBとDが本件土地をFに売却しているため、問題となる。（＊19）

　Aの死亡により、Aの遺言は効力を生じ（985条1項）、本件土地の所有権がEに移転するとともに、Aの相続人であるBとDは遺贈義務者としてEへの引渡し及び登記移転義務を負う。（＊20）　他方、Aの地位を包括的に承継したBとDはFに本件土地を売却しており、すると、EとFは「A（＝B＋D）」を起点とする2重譲渡関係にあることになる。（＊21）　したがって、EとFのうち、先に登記を具備したほうが確定的に所有権を取得する。（＊22）

（以上、約500字）

＊14：まずは問題提起から始める。

＊15：条文を確認する。

＊16：「基礎」、「基本」である。

＊17：結論を導く。

＊18：問題文では、①については「確認」とされ、②については「説明」とされているので、①②の叙述の分量には注意すること。

＊19：ここでも問題提起から始める。

＊20：遺言執行者がいないので、このようになる。これも「基礎」、「基本」である。

＊21：本件土地につき、AがEに贈与した後、Fに売却したのと同じ関係である。

＊22：この結論はなくてもよい。

〔設問3〕（4）について

　Bの①②の主張は認められるか。①②の主張の内容とその要件が問題となる。（＊23）

　①は、相続回復請求権（884条）に関する主張である。（＊24）　そして、確かにDが自身の相続権が侵害されたことを知ってから、5年以上経過して

162 【第4章】親族、相続

いる。（＊25）　しかし、表見相続人が真正相続人の相続回復請求につき消滅時効を主張するためには、自らが相続人ないし当該相続分を有する者と信じ、かつ、そのように信じたことに合理的な事由があることが要件とされる。（＊26）　そして、BはDに無断で遺産分割協議書を偽造しており、本件土地を単独で相続したとは信じておらず、仮に信じていたとしても、合理的な事由があるとはいえない。（＊27）　したがって、①の主張は認められない。（＊28）

では、②の主張はどうか。②は短期取得時効（162条2項）の主張である。（＊29）

短期取得時効が成立するには、Bが（a）所有の意思をもって、（b）平穏かつ公然と、（c）本件土地を10年間占有し、（d）占有の始めに善意無過失であったことが要件とされる。（＊30）　そして、確かに（a）（b）（c）の要件は満たされているが（＊31）、遺産分割協議書を偽造したBが本件土地を単独で所有したと信じ、かつ、信じたことに過失がなかったとはいえない。（＊32）　したがって、②の主張も認められない。（＊33）

（以上、約550字）

＊23：ここでも問題提起から始める。

＊24：端的に主張の内容を摘示して、理解度を示す。

＊25：単なる繰り返しであるから、「不要」ともいえるが、このように書いたほうが「流れ」がよいであろう。

＊26：判例通説である。なお、表見相続人の意義について丁寧に論じているなら、なおさらよい。

＊27：丁寧に書いたが、端的に「悪意」であるとしてもよい。

＊28：最後に結論を記す。

＊29：ここでも主張の内容を端的に示す。

＊30：短期取得時効の要件を挙げる。

＊31：遺産分割協議書を偽造したBに、そもそも「所有の意思」を認めてよいかは実はかなり疑わしい。仮にこれを認めると、20年の取得時効（162条1項）が可能となってしまうからである。そして、最判昭和54年4月17日判時929号67頁は、共同相続人の一人が他の共同相続人の

相続放棄の申述書を偽造した事案について、「所有の意思」を否定することで20年の取得時効の成立を否定した。もっとも、本問はそのような知識まで求めているものではなく、加えて、学習の初段階では「悪意」と「所有の意思」は全くの「別物」と理解しておいたほうが混乱しなくてすむであろう。

＊32：ここでBの主張を否定するのが簡明であろう。前注「＊31」も参照。

＊33：最後に結論を記す。

164 【第4章】親族、相続

第16問　問　題

[問題] 次の文章を読んで、後記の〔設問1〕、〔設問2〕及び〔設問3〕に
　　　答えなさい。

Ⅰ　【事実】
　1．A（兄）とB（弟）は2人きりの兄弟で、両親が早く亡くなったため、
　　Bが大学に進学したり就職する際、Aが親代わりとしてBの面倒をみ
　　ていた。
　2．Aは、1975年に結婚し、1978年、妻との間にC（男）が誕生した。し
　　かし、1980年、Aの妻は死亡し、その後、AはCを男手一つで育てて
　　いた。
　　　他方、Bは、1981年、Dと結婚したが、その際にもAがBとDの結
　　婚式の費用をまかなうなど、物心ともにBを支援していた。
　3．1983年、Aは身体の不調を感じ、病院で診察を受けたところ、膵臓が
　　んがすでにステージ4段階であることを知らされた。Aの相続人はC
　　しかおらず、遺産をめぐって紛争が起こる心配はなかったが、Cの行
　　く末を案じたAは、同年10月1日、BをCの（未成年）後見人に指定
　　する旨の遺言を残して死亡した。
　4．Cが相続したAの財産の中には、2つの土地（以下「甲土地」、「乙土
　　地」という。）が含まれていた。
　5．1985年春頃、Bは、取引先が倒産したため、資金ショートに陥り、や
　　むなくCの後見人として、甲土地及び乙土地について、次のような契
　　約を結んだ。
　　　①甲土地について：1985年6月1日、Bは、自分（＝B）がEから
　　　　500万円の融資を受けるため、Cの後見人として、甲土地にBの
　　　　Eに対する500万円の債務を担保するために抵当権を設定し、そ
　　　　の登記をした。

②乙土地について：同月10日、Bは、自分（＝B）の運転資金を捻
　出するため、Cの後見人として、Fに対して乙土地を売却して引
　き渡した。

〔設問1〕 【事実】1から5までを前提として、以下の（1）に答えな
　さい。
（1）①Cは、Eに対して、甲土地の抵当権登記の抹消を求めること
　　ができるか。
　　②Cは、Fに対して、乙土地の返還を求めることができるか。
　　仮に、それができないとすると、Cは誰に対してどのような
　　請求をすることができるか。

Ⅱ 【事実】事実1から5までに加え、以下の【事実】6及び7の経緯が
　あった。
　6．1985年秋頃、Bの事業は復調し、BはEに500万円を返済して、甲土
　　地の抵当権を抹消するとともに、Fに掛け合って、乙土地を取り戻し
　　た。
　7．1987年、折からの好景気により、Bの事業はますます拡大したが、D
　　との間に子どもはできず、そのため、Cを養子にして自分（＝B）の
　　跡取りにしようと考え、Dに相談した。

〔設問2〕 【事実】1から7までを前提として、以下の（2）に答えな
　さい。
（2）1987年の時点で、BがCを養子とするには、どのような手続が
　　必要とされるか。関係する民法上の規定を挙げながら、説明し
　　なさい。

Ⅲ 【事実】事実1から7までに加え、次の【事実】8から13までの経緯が
　あった。

166 【第4章】親族、相続

8. 1987年10月1日、所定の手続を踏んだ上、Cの養子縁組がされた。

9. 1989年6月1日、BとDとの間にG（女）が誕生した。Cは、Gのことを妹として、子どもの頃から可愛がっていた。

10. 2010年春頃、Gは母であるDに対して「Cのことが大好きなので、Cと結婚する」と言い出し、慌てたDは「Cはあなた（＝G）のお兄ちゃんなのだから、あなたとCが結婚できるわけないでしょ」と言って、口論となった。

　　この騒動は、Cが「実は結婚を前提にお付き合いしている人がいる」とBDGに打ち明け、収まった。

11. 2019年8月1日、Bは不慮の交通事故により死亡した。Bは遺言を残しておらず、またBの遺産には土地（以下「丙土地」という。）が含まれていた。

　　なお、Bの相続人は、C、D、Gの3人だけである。

12. 2019年11月1日、CDG間の遺産分割協議により、丙土地はCが相続することとなった。

13. 2019年11月20日、【事実】12の遺産分割がされたにもかかわらず、Dは丙土地が自分（＝D）の単独所有である旨の登記をし、同日、Hに丙土地を売却して移転登記をした。

〔設問3〕【事実】1から13までを前提として、以下の（3）及び（4）に答えなさい。

（3）【事実】10の下線部のDの説明について、仮にCの養子縁組がされなかった場合のCG間の親族関係を含め、その当否を説明しなさい。

（4）丙土地に関するCH間及びGH間の法律関係を説明しなさい。

第16問　参考答案と解説　　167

第16問　参考答案と解説

〔設問1〕（1）について

　Cは、Eに対して、甲土地に関する抵当権の抹消登記を求めることができるか（①）。Bのした抵当権設定契約の効果がCに帰属するかが問題となる。（＊01）

　Cの親権者Aは、遺言によりBを未成年者Cの後見人に指定した。（＊02）その後、Aは死亡しており（838条1号）、BがCの未成年後見人となる（839条1項）。（＊03）　そして、後見人は被後見人の財産につき包括的な代理権を有するから（859条1項）（＊04）、Bの代理行為の効果はCに帰属するのが原則である。（＊05）（＊06）

　しかし、Bは自分の債務の担保として、Eと抵当権設定契約を結んでおり、利益相反行為となるか否かが問題となる。（＊07）

　利益相反とされた場合、後見人の行為の効果は、相手方の主観を問わず、被後見人には帰属しない（860条、826条。108条2項も参照）。（＊08）　すると、利益相反か否かは、相手方の立場にも配慮し、行為の外形に基づき判断されるべきである。（＊09）　そして、①の場合、Bが自分の債務を弁済しない場合、甲土地の抵当権が実行されるという関係にあるから、抵当権設定につき、Bの利益とCの利益は相反している。（＊10）　したがって、利益相反に該当し、Bの代理行為の効果はCに帰属しないから、CはEに抵当権の抹消登記を求めることができる。（＊11）

　では、乙土地についてはどうか（②）。ここでも、まず利益相反が問題となる。（＊12）

　しかし、②の場合、BがCを代理して乙土地を売却しても、行為の外形上、Bが利益を得る関係にはない。そのため、Bの行為は利益相反に当たらず（＊13）、Bの代理行為の効果はCに帰属する。したがって、CはFに乙土地の返還を求めることができないのが原則である。（＊14）

168 【第4章】親族、相続

　とはいえ、Bは代金を自身の運転資金に当てるという自分の利益のために、乙土地を売却しているから、代理権濫用に当たる（107条）。（＊15）　したがって、FがこのBの目的を知り、又は知ることができたときは、Bの代理行為の効果はCに帰属せず、CはFに乙土地の返還を請求することができる。（＊16）

　次に、後見人Bは善管注意義務を負っており（869条、644条）、自分の利益のために乙土地を売却するのはこの義務に違反する。（＊17）　そのため、CがFに乙土地の返還を請求できない場合、CはBに対して損害賠償を請求することができる（415条1項）。（＊18）

（以上、約950字）

＊01：まず問題提起から始める。

＊02：Cが未成年者であり、Bが未成年後見人であることを確認する。

＊03：成年後見と異なり、未成年後見の場合、親権者が遺言によって後見人を指定することができる（839条1項）。

＊04：859条1項の文言では「代表」とされているが、これは「包括的な代理権」という意味である。

＊05：これがBCE間の法律関係の正確な描写である。

＊06：まず原則を書く。

＊07：原則に続いて、例外に当たるか否かの問題提起をする。

＊08：利益相反とされた場合の効果を記す（なお、参照条文は860条だけでもよい）。

＊09：外形説が判例通説であるが、簡単でよいから、理由づけもする。

＊10：利益相反とされる根拠を書く。

　　　なお、外形的に明らかである以上、そのことはEにも分かるはずであり、念のため、そのような事情を書いてもよい。

＊11：最後に、結論を記す。また特別代理人や後見監督人にふれてもよいが、「必須」ではない。

＊12：ここでも問題提起から始める。

＊13：簡単でよいから、利益相反に当たらない理由づけもする。

＊14：問題提起の後は、まず原則を書く。

第16問　参考答案と解説　169

*15：代理権濫用に当たる理由も簡単に書く。

*16：最後に、結論を記す。

*17：不法行為や不当利得を根拠にしてもよいが、まず最初に挙げられるべきは後見人の義務（違反）であろう。

*18：ここでも結論を記す。

〔設問２〕（２）について

　ＢがＣを養子とするには、どのような手続が必要か。1987年の時点では、Ｃが15才未満であることなどから、問題となる。（*19）

　Ｃは未成年者である一方、Ｂには配偶者Ｄがいるので、ＢがＣを養子とするには、Ｄと共同で縁組をしなければならない（795条）。（*20）　また、Ｃが未成年者である以上、この縁組には、家庭裁判所の許可が必要である（798条本文）。加えて、Ｃは15才未満であるから、法定代理人である後見人ＢがＣに代わって縁組の代諾をしなければならない（797条１項）。（*21）（*22）　さらに、Ｂは被後見人Ｃの後見人であるから、このことからも家庭裁判所の許可を要する（794条前段）。（*23）

　以上のほか、縁組には届出を要する（799条、739条）。（*24）

（以上、約300字）

*19：ここでも問題提起から始める。

*20：Ｃは未成年者であるので、適用条文は795条であって、796条ではない。
　　　なお、Ｂに配偶者（＝法律婚）がいない場合はＢとＣだけの縁組となる。

*21：後見人は被後見人の「法定代理人」であり、15歳未満の未成年者の養子縁組については、後見人の代諾を要する。

*22：親権者が15才未満の嫡出でない子を自分の養子（＝嫡出子）とする場合や後見人が15才未満の被後見人を自分の養子とする場合、ここで代諾を認めると、親権者や後見人が縁組の双方の意思表示をすることになる（＝いわば自己契約〔108条１項〕と同じ状況になる）。そこで、このような行為が許されるのかという問題提起がされ、利益相反に当

170 　【第4章】親族、相続

たるのではないか、との観点から検討がされてきた（養子縁組は通常の意味での「契約」ではないので、「自己契約」ではなく、「利益相反」という枠組みの中で議論がされている）。

　まず、この問題について裁判例はないようである。しかし、昭和23年の法務省民事局長通達では、「利益相反」に当たるとされ、特別代理人の選任を要するとの見解が示された。しかし、養子縁組の効果は法律で定められており、自己契約と異なり、その法的効果が代諾者のお手盛りになることはない。そのこともあってか、利益相反と解すべきではないとの見解も有力である。とはいえ、法的効果の内容はさておき、養子縁組をするかしないかの判断を一方の当事者のみできるというのは確かに問題を孕むものであろう。

　ただし、より厳密に見るなら、親権者が15才未満の嫡出でない子を自分の養子にする場合と後見人が15才未満の被後見人を自分の養子とする場合とでは状況が異なる。具体的にいうと、前者の場合には、家庭裁判所の許可が不要である（798条ただし書）のに対して、後者の場合には、2重の意味で家庭裁判所の許可が必要とされる（794条前段、798条本文）。すると、後者の場合には、どのみち家庭裁判所の審査が入るので、特別代理人を選任する必要性は乏しいともいえる。

　もっとも、この問題は主として実務上の取扱いに関わるものであり、しかも、上述のとおり、議論は深められていない。また、基礎プログラム民法Ⅳの範疇を超えるものであり、ここまで気づく必要はない。

＊23：798条本文の許可は子の養育環境に着目し、794条前段の許可は被後見人の財産と後見人の財産を明確に区別する観点から、それぞれされるであろうが、実際にはこれらの要素を総合して「1つの許可」がされることとなろう。

＊24：なくてもよいが、念のため、書いておいたほうがよいであろう。

〔設問3〕(3)について
　Dの説明は正しいか。CG間の親等及び近親婚の意義が問題となる。(＊25)
　CとGは、もともと従兄妹同士であるから、4親等の傍系血族であり（726条）、禁止される近親婚には当たらない（734条本文）。(＊26)

もっとも、ＣはＢ及びＤと養子縁組をしているので、ＣとＧは兄妹、すなわち、２親等となり（＊27）、婚姻できないように思える（734条本文）。しかし、Ｇは、養子であるＣから見て、養方の傍系血族であり（＊28）、近親婚の禁止はＣＧ間には及ばない（734条ただし書）。したがって、Ｄの説明は誤りである。（＊29）

（以上、約200字）

＊25：ここでも問題提起から始める。
＊26：親等計算を確認する。
　　　　なお、叔父と姪、叔母と甥は３親等の傍系血族であるから、日本では近親婚の禁止に当たるが、ヨーロッパでは、近親婚の禁止は直系血族及び兄弟姉妹のみに限り、叔父と姪、叔母と甥の婚姻を認める国もある。
＊27：兄弟姉妹は２親等である（726条２項）。
＊28：ＢとＤはＣの養親であるから、ＢとＤの親族はＣから見て「養方（やしないかた）」となる。そして、ＣとＧは兄妹であるから、傍系血族である。
＊29：最後に結論を記す（かつてはこのような婚姻もよく見受けられた）。

〔設問３〕（４）について

　丙土地に関するＣＨ間の関係はどうなるか。遺産分割協議により、Ｃが丙土地を取得していることから問題となる。（＊30）

　ＤはＢの配偶者であり、ＣとＧはＢの子であるから、Ｄの相続分は２分の１、ＣとＧの相続分はそれぞれ４分の１となる（900条１号、４号）。（＊31）そのため、遺産分割前の時点では、ＣＤＧは丙土地を各自の相続分に応じて共有していることになる（898条）。（＊32）

　次に、遺産分割により丙土地はＣが相続し、そして、その遺産分割には遡及効が認められる（909条本文）。（＊33）　したがって、丙土地は、相続開始時からＣの単独所有であったことになり、他方、ＤとＧは全く権利も有していなかったこととなる。（＊34）　すると、丙土地につき、Ｄが単独所有の登

172　【第4章】親族、相続

記をしても、虚偽の登記であり、Hが無権利者Dから丙土地を購入しても、登記に公信力はないので（＊35）、丙土地の所有権を得ることはない。（＊36）　また、Hは無権利者Dの承継人であるから、177条の「第三者」に当たらず、本来CはHに対して登記がなくても自己の所有権を主張できるはずである。（＊37）

　もっとも、相続放棄と異なり、遺産分割に期間制限はないので、相続財産を購入するなどした第三者の利益にも配慮する必要がある。（＊38）　そこで、909条ただし書は遺産分割の遡及効から第三者を保護しているが、Hは遺産分割後に登場した第三者であるから、遺産分割の遡及効の影響を受ける者とはいえず、909条ただし書の「第三者」には当たらない。（＊39）　しかし、遺産分割の実態は共同相続人間の共有持分の譲渡とみることができ（＊40）、すると、譲渡された共有持分、つまり、法定相続分を超える持分については、登記がなければ、第三者に権利主張することができない（899条の2第1項）。（＊41）　これに対して、当該共同相続人の法定相続分については、他の共同相続人は最初から何の権原も有していないから、登記がなくても、無権利者たる他の共同相続人及びその承継人に対して権利主張することができる。（＊42）　したがって、CはHに対して自身の法定相続分である4分の1については、登記がなくても、共有持分を主張してその登記をするように請求することができる。（＊43）

　次に、GH間の法律関係はどうなるか。同じく遺産分割の効力が問題となる。（＊44）

　Gは、遺産分割により、丙土地について、相続開始の時点から何の権利も有していないこととなった。（＊45）　したがって、丙土地につき、Gには主張すべき権利がないから、Hに対して何も請求できることはない。（＊46）（＊47）

（以上、約1000字）

＊30：まず問題提起をする。

＊31：相続分を確認する。もちろん、必ず冒頭で確認しなければならないわけではないが、最初に確認しておいたほうが叙述は進めやすいであろ

う。

＊32：次に、遺産分割前の丙土地の法律関係を確認する。

＊33：遺産分割の効力を説明する。

＊34：遡及効の帰結を確認する。

＊35：必須ではないが、念のため、ふれておいたほうがよいであろう。

＊36：これが原則である。

＊37：これが「本筋」であり、177条に関する十全な理解を示すことでもある。

＊38：「必須」ではないが、相続放棄との違いを述べておいたほうが、理解
　　　の深さを示すことができる。

＊39：厳密にいえば、この部分は不要であるが、自身の理解の十全さを示す
　　　上で、意味のある記述といえる。

＊40：いきなり899条の２第１項に入る前に、このように、この条文の背景
　　　について説明することも考えられる。

＊41：899条の２第１項を引用する際、このような言い換えがあれば、より
　　　丁寧であろう。

＊42：権利主張のため、対抗要件を要するのは、自身の「〔法定〕相続分を
　　　超える部分について」だけである（899条の２第１項）。

＊43：最後に、結論を記す。

＊44：ここでも問題提起から始める。

＊45：丙土地に関するＧの法的地位を確認する。

＊46：論理的に結論を導出する。
　　　　なお、丙土地については、Ｇは遺産分割の結果、「相続による権利
　　　の承継」をしていないことになるから、899条の２第１項は適用され
　　　ない。

＊47：第４段落（「もっとも、……」で始まる段落）は、やや解説の部分が
　　　多く、答案としては冗長である（前注「＊39」、「＊40」、「＊41」も参
　　　照）。より簡明な書き方として、次のようなものが考えられよう。
　　　　「もっとも、相続放棄と異なり、遺産分割には期間制限はないので、
　　　第三者の利益を害する可能性がある。そこで、909条ただし書は遺産
　　　分割の遡及効から第三者を保護しているが、Ｈは遺産分割後の第三者
　　　であるため、同条ただし書の「第三者」には当たらない。しかし、遺
　　　産分割の実態は共同相続人間の共有持分の譲渡であるから、法定相続
　　　分を超える持分を取得しても、登記がなければ、第三者にその権利を

主張することはできない（899条の2第1項）。ただし、法定相続分については、他の共同相続人からの承継人は無権利者からの承継人であるから、登記がなくても、その権利を主張することができる。したがって、CはHに対して自身の法定相続分である4分の1については、登記がなくても、共有持分を主張してその登記をするように請求することができる。」

●コラム4：詫び状

1．ある法科大学院生の方からいただいたご質問（2021年1月）

池田先生　こんにちは。○○です。いつもありがとうございます。

　今回は、遺産分割協議後の第三者に関する演習問題を解きなおしていたところ浮かんだ疑問をお尋ねさせていただきます。質問内容は、909条ただし書と899条の2第1項についてです。この演習問題では最終的には899条の2第1項が適用されるわけですが、このような場合にいきなり899条の2を論じるのではなく、はじめに909条ただし書の「第三者」にあたらないかの検討をするべきなのは、なぜですか。

　演習問題の解説では、「遺産分割の効力が問題となっているのであるから」とご説明くださったのですが、ここをもう少し詳しく教えていただけないでしょうか。

　授業では、909条ただし書の適用場面で899条の2第1項を用いない理由は制度の沿革から説明されると伺いました。それぞれの条文が適用されるべき場面は自分なりに理解しているつもりなのですが、それぞれの条文が想定している事案で、条文を適用する際に、どのような思考プロセスをたどるべきかがわかっておりません。

　ご返信はもちろん定期試験後になっても構いません。毎度毎度恐縮ですが、先生のご都合の良いときにご教授いただけますと幸いです。よろしくお願いいたします。

2．参考資料（遺産分割協議後の第三者に関する演習問題において池田が示した参考答案）

「……

　もっとも、遺産分割は第三者の権利を害することができない（909条ただし書）。すると、まずYがこの「第三者」に当たるかが問題となる。そして、909条ただし書は、遺産分割には遡及効があることから、遡及効の影響を受ける第三者、すなわち、遺産分割前に利害関係を有するに至った第三者の保護を目的としている。これに対して、YはCE間での遺産分割後にEとの取引関係に入った者であり、そのため、上記の「第三者」に当たらない。したがって、Yにつき、

176 【第4章】親族、相続

909条ただし書は適用されない。

　しかし、遺産分割前、乙建物はCとEが共有しており、遡及効があるとはいえ、実際には遺産分割によって、Cの共有持分がEに譲渡されたと解することができる。のみならず、遺産分割がされたのだから、Eはいち早く自分の権利を登記できたはずである。そのため、法定相続分を超える権利の承継を第三者に対抗するには、登記を具備する必要があるとされる（889条の2第1項）。……」

3．池田の回答（2021年2月）

（1）まず最初に、念のため、確認しておきます。

　「遺産分割協議」と「第三者」との関係を規定した条文は、相続法改正前は909条しかありませんでした。そして、この規定は遺産分割協議「前」の第三者を想定したものです。

　他方、遺産分割協議「後」の第三者については、明文の規定はありませんでしたが、判例は対抗問題として処理していました（これらについては、解説をご参照ください）。

（2）平成30年の法改正で、899条の2（第1項）が新設されました。この規定の意義は次の3つです。

　　①遺産分割協議「後」の第三者につき、上記の判例理論を明文化した。

　　②特定財産承継遺言（＝遺産分割方法の指定の1つ）について、従前の判例理論を変更し、相続人に対して「第三者に対抗するには登記を要する」とした。

　　③相続分の指定について、従前の判例理論を変更し、相続人に対して「第三者に対抗するには登記を要する」とした。

　なお、遺産分割協議「前」の第三者についても、899条の2第1項の文言だけを見るなら、909条ただし書と同じ結論が導出できるはずなので、909条ただし書を削除することも考えられるが、授業で解説した事情もあってか、同条ただし書はそのままの形で残すこととされた。したがって、現時点での解釈としては、遺産分割協議「前」の第三者＝909条ただし書、遺産分割協議「後」の第三者＝899条の2、と整理されている（ただし、将来的には、解釈が変わる可能性もあります）。

（3）その上で、ご質問は、遺産分割協議「後」の第三者につき、まず最初にそれが909条ただし書の「第三者」に当たらないことを論じる必要があるのか、ということです。

まず、909条ただし書に言及しなければならない「論理的必然性」は、ご指摘のとおり、全くありません。

　　しかし他方で、「答案とは『プレゼン』の場」であり、ご自身の理解の十全さを示すことが目的です。上記のとおり、遺産分割協議と第三者との関係に特化した条文は909条しかなく（上述のとおり、899条の2は遺産分割協議以外のケースにも適用されます）、しかも、909条ただし書では「第三者」との関係にふれられているのですから、「909条の趣旨、そして、同条ただし書が遺産分割協議『後』の第三者には適用されないことはちゃんと分かっていますよ」というふうにしっかりアピールしたほうがよいように思います。要するに、クライアント受けの良い「プレゼン」をする要領です。

　　そのような種類の事柄ですので、ここでたとえば「本問では、遺産分割協議が問題となっているので、相続放棄に関する939条は適用されない」と書いたとすると、それはもちろん正しいわけですが、読み手としては「……」となるでしょう。

（4）似たような問題としては、96条3項の「第三者」があります。もちろん、これも「取消し前の第三者」を想定しており、「取消し後の第三者」には適用されませんが、「取消し後の第三者」の問題が出されたとしても、答案には96条3項が適用されないことを「まず最初に」、「念のため」、「手短に」書くように思います。

（5）ただし、このような観点から改めて見直すと、ご指摘いただいた「参考答案」（前記2）は確かに909条ただし書の「第三者」に当たらないとする記述が長すぎるように思います。「流れ」としては、上記の理由から、これでよいと思うのですが、ここまで詳しく書かねばならない必要性はありません。大学の教員が答案を書くと、「これは分かるだろうか」、「あれは大丈夫だろうか」と心配して、ついつい「説明口調（＝説教口調）」になります。ご指摘いただいた箇所も、まるで「教科書」か「授業」のようです。みなさんに「試験において『実現可能な答案』を提供する」との観点から、字数には随分気をつけているのですが、まだまだ修行が足りません。

4．備考

　　本コラムについては、第16問の「参考答案と解説」も合わせてご参照ください。

《著者紹介》

池田清治 （いけだ・せいじ）

[略歴]
1961年　北海道に生まれる
1984年　小樽商科大学卒業
1989年　北海道大学大学院法学研究科博士後期課程退学
同年　北海道大学法学部助手
1991年　法学博士（北海道大学）
同年　北海道大学法学部助教授
2003年　北海道大学大学院法学研究科教授（現在に至る。）

[著書]
『契約交渉の破棄とその責任』（有斐閣、1997年）
『民法学における古典と革新（藤岡康宏先生古稀記念論文集）』
（共編著、成文堂、2011年）
『基本事例で考える民法演習』（日本評論社、2013年）
『基本事例で考える民法演習2』（日本評論社、2014年）
『事例で学ぶ民法演習』（共著、成文堂、2014年）

新・基本事例で考える民法演習——すっきり民法玉手箱

2025年2月28日　第1版第1刷発行

著　者　池田清治
発行所　株式会社　日本評論社
　　　　〒170-8474　東京都豊島区南大塚3-12-4
　　　　電話　03-3987-8621　　FAX　03-3987-8590
　　　　振替　00100-3-16　　https://www.nippyo.co.jp
印刷所　精文堂印刷
製本所　松岳社
装　幀　神田程史
検印省略　© S.IKEDA 2025

ISBN978-4-535-52847-5　　Printed in Japan

JCOPY 〈（社）出版者著作権管理機構　委託出版物〉
本書の無断複写は著作権法上での例外を除き禁じられています。複写される場合は、そのつど事前に、（社）出版者著作権管理機構（電話03-5244-5088、FAX 03-5244-5089、e-mail: info@jcopy.or.jp）の許諾を得てください。また、本書を代行業者等の第三者に依頼してスキャニング等の行為によりデジタル化することは、個人の家庭内の利用であっても、一切認められておりません。